Si hay alguien que puede move
Sammy Rodríguez. Para el mome... ... ...
página de este libro, confío en que se verá como un vencedor, y no
como una víctima de sus circunstancias. Ya no permitirá que otros
lo definan. Al igual que el paralítico descrito en Juan 5, con valentía
tomará su lecho y andará; ¡listo para abrazar la vida abundante que
Dios tiene planeada para usted!

—JAMES ROBISON

PRESIDENTE Y FUNDADOR DE LIFE OUTREACH INTERNATIONAL

Sammy es un buen amigo y una de mis personas favoritas. Su nuevo
libro, *Usted es el próximo*, está lleno de historias personales entre-
tejidas con la Escritura y las perspectivas obtenidas directamente
de su carrera, aventuras y experiencias únicas. Si se siente atorado,
no satisfecho, pasado por alto o como si estuviera constantemente
quedándose corto, los principios que se encuentran en este libro lo
ayudarán a encontrar sanidad y libertad y le darán el poder no solo
para cambiar su vida, ¡sino su legado!

—ROBERT MORRIS

PASTOR PRINCIPAL DE LA IGLESIA GATEWAY CHURCH

AUTOR DE MAYOR VENTA DE *UNA VIDA DE BENDICIÓN, FRECUENCIA*

Y *MÁS ALLÁ DE TODA BENDICIÓN*

¡Este no es tanto un libro cristiano de autoayuda, sino más bien una
proclamación profética sobre su futuro! Por medio de la utilización de
ejemplos de las Escrituras y de su propia extraordinaria experiencia
de vida, Samuel pinta una poderosa imagen verbal con respecto a
cómo, de una vez por todas, romper con el ciclo de su presente y ser
liberado de su pasado para que Dios pueda darle «el poder de hacer lo
que no podía hacer antes». Si siente como si ha estado durante años
en un patrón que lo ha detenido, esperando con fe en Dios por cierto
cambio, pero sin verlo materializarse, este libro fue escrito para usted.

—MATTHEW CROUCH

PRESIDENTE DEL CANAL TRINITY BROADCASTING NETWORK

Es tiempo de tener suficiente fe para escuchar la voz de Jesús que le dice: «Sé sano. ¡Toma tu lecho, y anda!». Si se encuentra atorado en los fracasos del pasado, su herencia familiar, dudas o inseguridades, el lecho que necesita tomar en este momento es este libro en el que el pastor Sam lo inspira y lo guía para tener suficiente fe como para creer en las promesas de Dios para su vida. Cuando necesito una inyección espiritual, le llamo al pastor Sam para escuchar los mismos pensamientos y palabras contenidos en este libro y recordar el infalible, inexorable e interminable amor de Dios por todos nosotros.

—Paula White-Cain
Pastora principal de New Destiny Christian Center

Usted es el próximo necesita ser el siguiente libro que usted lea. El pastor Samuel Rodríguez hace lo que predica y vive una vida por encima de la norma. Nadie dice las cosas como el pastor Samuel. Estas páginas rebosan de su entusiasmo, su fe, su sabiduría, su humor, su personalidad dada por Dios y su carácter. En este nuevo libro usted será inspirado a través de sus historias e ilustraciones y alentado a levantar la mirada y dar un paso hacia la vida extraordinaria que Dios tiene para usted. Usted es el próximo.

—Peter Mortlock
Fundador y pastor principal de la
iglesia City Impact Church

Sammy Rodríguez es un comunicador talentoso que pinta imágenes con las palabras. En *Usted es el próximo* Sammy combina una exégesis excelente con ilustraciones personales que lo motivarán a vivir por encima del nivel de la mediocridad. Hágase un favor y a las personas que lidera mediante la lectura de este libro. ¿Quién sabe? Podría experimentar su propio milagro a medida que lee está obra inspiradora.

—Pastor Doug Clay
Superintendente general del Consejo General de las
Asambleas de Dios

Si quizá se siente atorado, insatisfecho, decepcionado, que se queda corto de manera constante o que simplemente no puede acceder al siguiente nivel, ¡este libro es para usted! Real, relevante, revelador y refrescante, *Usted es el próximo* es una lectura obligada.

—JEDIDIAH THURNER
DIRECTOR DE ESTRATEGIAS DE MISSIONS.ME

¡Estoy tan agradecido con Dios por el Rev. Samuel Rodríguez! Dios lo ha levantado como una poderosa voz profética a nuestro país para esta generación. En este libro hermosamente escrito, *Usted es el próximo*, el Rev. Samuel nos lleva a través de la historia de la sanidad del paralítico del estanque de Betesda. En cada capítulo de este libro somos invitados, alentados y desafiados a responder a la promesa de Dios para una nueva y mejor temporada en nuestra vida. Aprendemos que podemos ser libres de los traumas paralizadores del pasado y las creencias y actitudes de nuestro presente que nos discapacitan. El Rev. Samuel es un comunicador con un talento increíble, tanto de palabra como por escrito. Este libro nos lleva en una jornada que comienza con ser libres del pasado y termina con tener un destino para nuestro futuro. A través de compartirnos una gran perspectiva sobre el relato bíblico, el Rev. Samuel desarrolla la fe de los lectores sobre que Dios puede hacer y hará lo mismo por ellos. Cada página de este extraordinario libro está llena de revelación y esperanza que lo inspirarán y equiparán. ¡Es tiempo de tomar su lecho y andar con valentía y firmeza al futuro que Dios ha preparado para usted!

—DR. MICHAEL MAIDEN
PASTOR PRINCIPAL DE LA IGLESIA CHURCH FOR THE NATIONS

¡No hay una voz cristiana más importante que la del Rev. Samuel Rodríguez!

—REV. JOHNNIE MOORE
ESCRITOR, ACTIVISTA, FUNDADOR Y DIRECTOR GENERAL
DE THE KAIROS COMPANY

Usted es el próximo es una estimulante invitación profética a que cada persona abrace su destino divino con una convicción y confianza inconmovibles. ¡La habilidad del Rev. Samuel para relatar con tal amplitud y articular de manera tan brillante significa que todos pueden identificarse con cada punto de manera potencial! ¡Por medio de entretejer su inspiradora jornada con valientes declaraciones de verdad, este libro primero lo embeberá y luego lo llevará a actuar! No solo lo fascinará con información; ¡lo propulsará con fe!

—MARK VARUGHESE
LÍDER PRINCIPAL DE KINGDOMCITY

Al confrontar sin excusas la necesidad suprema de nuestra generación, mi amigo, Samuel Rodríguez, ha encapsulado de manera brillante el espíritu de empoderamiento por medio de refutar y nulificar cualquier argumento prevaleciente o latente para la complacencia. Todos necesitamos este libro. Por lo menos un capítulo contiene su historia, su nombre y su victoria dentro de sus páginas. No más excusas. ¡Usted es el próximo!

—SERGIO DE LA MORA
PASTOR PRINCIPAL DE LA IGLESIA CORNERSTONE CHURCH
DE SAN DIEGO
AUTOR DE *PARADOJA*

Sammy Rodríguez es un líder y un extraordinario comunicador que impacta al mundo. Su perspectiva única no solo lo empoderará, sino que lo propelerá a nuevos niveles de grandeza e influencia en todo lo que hace. ¡Recomiendo exhaustivamente este libro!

—RUSSELL EVANS
PASTOR PRINCIPAL DE PLANETSHAKERS

El libro *Usted es el próximo* es una lectura muy necesaria, en particular para los creyentes que se sienten atorados, desesperanzados e incapaces de avanzar en diferentes aspectos de su vida. Samuel Rodríguez hace un trabajo excepcional al presentar escenarios de la vida real y alinearlos con la verdad de la Palabra de Dios con el fin de cambiar mentalidades. El libro también desafía a los lectores a reconocer quiénes son en Cristo, a aplicar sus promesas en su vida diaria y a nunca darse por vencidos ¡porque los que perseveran son en verdad los próximos!

—JOHN K. JENKINS SR.
PASTOR DE LA IGLESIA FIRST BAPTIST CHURCH DE GLENARDEN, MD

USTED ES EL PRÓXIMO

SAMUEL RODRÍGUEZ

CASA
CREACIÓN

Usted es el próximo por Samuel Rodríguez
Publicado por Casa Creación
Una compañía de Charisma Media
600 Rinehart Road
Lake Mary, Florida 32746
www.casacreacion.com

Las citas bíblicas marcadas con (NBLH) han sido tomadas de la *Nueva Biblia Latinoamericana de Hoy*, Copyright © 2005 by The Lockman Foundation, La Habra, California.

Las citas de la Escritura marcadas (DHH) corresponden a la Santa Biblia, *Dios habla hoy* ®, Tercera edición © Sociedades Bíblicas Unidas, 1966, 1970, 1979, 1983, 1996. Usada con permiso.

Traducido por: pica6.com (con la colaboración de Salvador Eguiarte D.G.)
Diseño de la portada: Justin Evans
Director de Diseño: Justin Evans

Originally published in English under the title:
You Are Next
Published by Charisma House
Charisma Media/Charisma House Book Group
Lake Mary, FL 32746 USA
Copyright © 2019 Samuel Rodríguez
All rights reserved

Copyright © 2019 por Casa Creación
Todos los derechos reservados

Visite la página web del autor: www.pastorsam.com

Library of Congress Control Number: 2019934921
ISBN: 978-1-62999-433-8
E-book ISBN: 978-1-62999-434-5

Impreso en los Estados Unidos de América
19 20 21 22 23 * 5 4 3 2 1

LES DEDICO ESTE LIBRO A MIS
PADRES, SAMUEL Y ELIZABETH,
¡POR SIEMPRE CREER QUE YO
ERA EL PRÓXIMO! ¡LOS AMO!

CONTENIDO

AGRADECIMIENTOS

Estoy agradecido con el amor de mi vida (mi esposa de veintinueve años, Eva); mi equipo y personal de apoyo; Steve (Esteban) Strang por veinte años de fiel amistad; Dudley Deffs (terapeuta y escriba); Ned Clements; y Debbie Marrie por hacerlo posible.

¡Ustedes son los próximos!

—Samuel Rodríguez
Pastor principal de la iglesia New Season,
presidente de la NHCLC,
autor del libro *Shake Free* [Libérate] y
productor ejecutivo de la película *Breakthrough*

PRÓLOGO

QUÉ HONOR ES escribir estas pocas palabras para recomendar el libro de esperanza y promesa que escribió mi querido amigo Sammy Rodríguez, a quien, además, felicito. Sammy es una voz para su generación, y no recuerdo ni siquiera una ocasión en que lo haya escuchado hablar en la cual no me haya emocionado y llenado de esperanza y expectativa. Este libro no es distinto. Es real, crudo y sincero. Y las verdades poderosas que Sammy comunica traerán una perspectiva completamente nueva a los desafíos que nos presente la vida por medio de usar ejemplos de la vida real y de las luchas que todos enfrentamos.

Hay una razón por la que es el presidente de la Conferencia Nacional de Liderazgo Cristiano Hispano (NHCLC, por sus siglas en inglés), la organización reconocida e identificada por *The New York Times*, *The Wall Street Journal*, *Christianity Today*, NBC, Telemundo, Univision, Fox News, CNN y varios canales de información más como la organización cristiana hispana/latina más grande de los Estados Unidos y la de mayor influencia con más de cuarenta mil iglesias certificadas como miembros en los Estados Unidos y Latinoamérica. Hay una razón por la que se le pide que vaya a aconsejar a algunos de los hombres y mujeres de mayor influencia en el mundo y orar por ellos. Hay una razón por la que presidentes buscan su sabiduría y pastores alaban su impacto y su relevancia en todo tipo de congregación y a través de las barreras denominacionales.

Más allá de su habilidad para liderar y brindar consejo oportuno, sé que ningún otro autor o pastor tiene la habilidad de pintar una imagen con palabras como Sammy Rodríguez. En *Usted es el próximo* Sammy Rodríguez comunica una sorprendente historia bíblica de una manera que todos los cristianos necesitan escuchar con desesperación, además de que comparte revelaciones poderosas que el Señor le ha dado para destruir el plan del enemigo para mantenerlo fuera de la acción. Usted será animado a liberarse de los ciclos que lo han mantenido atado y verá sus circunstancias de una manera completamente nueva. Sammy sabe animar y exhortar. No solo tiene la habilidad de hacerlo levantar la mirada cuando se siente abatido, sino que tiene la rara habilidad de guiarlo a salir del valle del desaliento e infundirle propósito, esperanza y pasión para las victorias que están por venir.

Estoy muy emocionado de que Sammy haya escrito este libro, en especial por el tiempo en el que nos encontramos. Creo que el momento de su publicación no es un accidente. Pienso que hemos entrado a una temporada en la que Dios está derramando más bendición, más favor y más de sí mismo en nosotros. ¿No le gustaría tener más de la presencia de Dios en usted, en sus hijos y en sus nietos? Dios está derramando más de sí y es su turno recibirlo. Eso es lo que creo que va a suceder en usted, su cónyuge y sus hijos, y por eso le recomiendo de todo corazón que aparte tiempo para recorrer las páginas que siguen.

En *Usted es el próximo* Dios pone delante de usted el desafío de recibir una mejor vida, una vida santa, una vida ordenada por Dios. Usted puede quedarse en su mentalidad complaciente de «y si» por medio de presentar excusas por su condición y depender de los demás para que lo lleven al umbral de su milagro. ¡O puede levantarse, poner al diablo en su lugar, vivir en victoria, soñar con valentía, vivir con pasión, participar con tenacidad y vivir de la manera poderosa que ha estado buscando! ¿Está listo? Si es así, entonces ¡*Usted es el próximo*!

—Jentezen Franklin
Pastor principal de la iglesia Free Chapel
Autor de mayor venta según *The New York Times*

PREFACIO

MAGÍNESE QUE SE sienta en el mismo lugar en el piso día tras día. Ni siquiera se puede poner de pie sin la ayuda de otras personas. Tiene ambas piernas paralizadas y necesita ayuda con muchas de las acciones básicas que la mayoría de las personas dan por sentadas como bañarse, vestirse y prepararse comida. Se siente impotente la mayor parte del tiempo, a la merced de una condición física devastadora que le ha amargado la vida durante casi cuarenta años.

En ocasiones se siente enojado, resentido, incluso amargado, mientras ve cómo los demás pasan andando sin siquiera voltearlo a ver. Otras veces se siente tan desesperado que se aferra al último hilo delgado de esperanza de que su vida cambie. Ha escuchado de un lugar donde suceden milagros, donde al parecer un ángel celestial agita la superficie del agua de uno de los estanques del templo. Justo después de que el ángel se va, el agua se mueve y empapa con sanidad milagrosa al primero que se las arregla para descender al estanque.

Usted ha venido a este lugar milagroso durante años y años, pero avanza con demasiada lentitud como para ser el primero en entrar al agua después de ser agitada por el ángel. Usted ha visto a otros gritar de alegría cuando sus miembros lesionados han recibido restauración, cuando su cuerpo enfermo ha regresado a la salud, cuando los ojos y los oídos que alguna vez fueran ciegos y sordos ahora ven y escuchan. Se ha vuelto casi demasiado doloroso ver a otros recibir lo que usted anhela tener, aquello por lo que lucha para continuar con la esperanza de alcanzar, mientras cada día los músculos de sus piernas se atrofian y se debilitan un poco más, y con ellos, su esperanza también se marchita un poco más.

Entonces un día un extraño viene y le hace la pregunta más rara del mundo: "¿Quieres ser sano?". Esto casi lo ofende al principio, pero luego piensa que quizá no entiende su condición o la magnitud logística del problema. Le trata de explicar que de tiempo en tiempo el ángel agita el agua, y que la primera persona en descender al agua experimenta su sanidad o milagro correspondiente. Incluso mientras usted habla, se pregunta si quizá este extraño —quien con toda certeza se ve joven y fuerte— podría finalmente ayudar a cargarlo para ser el primero en entrar al estanque.

Pero ni siquiera se ofrece a hacerlo.

En cambio, hace algo a lo que nadie más se ha atrevido.

Le ordena que se levante y ande...

USTED ES EL PRÓXIMO... EN ROMPER EL CICLO DE DEPENDENCIA

La complacencia de hoy es el cautiverio de mañana.

C UANDO NUESTROS HIJOS eran chicos, mi esposa y yo no podíamos esperar a llevarlos a Disneyland; no porque quisiéramos que quedaran absortos en el engaño publicitario de visitar un parque temático con personajes de las caricaturas y las películas, sino porque queríamos que experimentaran la alegría de visitar "el lugar más feliz sobre la Tierra". Como crecí en Pensilvania, siempre quise ir, pero nuestra familia no podía darse ese lujo. Ya como padre, y gracias a que vivo en California, estaba encantado de poder llevar a mi familia a disfrutar una experiencia que no tuve de niño.

Entre muchos momentos memorables ese día, uno se destaca después de todo el tiempo que ha pasado. Si alguna vez ha visitado un parque temático, entonces sabe que gran parte de su día consiste en "apresurarse y esperar". Todos se emocionan por estar allí y disfrutar los juegos mecánicos y las atracciones, pero una vez que uno entra al parque y se apresura para llegar a la primera parada de su lista, suele tener que esperar en la fila y esperar un poco más; algunas veces hay que esperar una hora o más por su turno para experimentar un recorrido que dura apenas unos tres minutos.

Tuvimos la misma experiencia, y tengo que decir que con niños pequeños la espera parecía más larga. Poco después del mediodía el hermoso día del sur de California se había vuelto caliente y pegajoso, y los niños estaban cansados y de mal humor. Todos queríamos entrar a la atracción de Indiana Jones, así que nos quedamos allí de pie junto con varios cientos de otros visitantes con el mismo entusiasmo. Mientras la línea avanzaba con dificultad, no podíamos esperar a dar la vuelta a la esquina que estaba frente a nosotros, para experimentar las emociones que nos esperaban detrás del foso cavernoso de la mina donde, suponíamos, podríamos ya subirnos a la atracción.

Pero cuando por fin llegamos a lo que parecía ser el fin de la fila, dimos vuelta a la esquina solo para ver otro laberinto de cadenas con más personas de las que jamás hubiéramos imaginado. ¡Ni siquiera estábamos a la mitad del camino! Nuestra hija se quejó: "¡Nunca vamos a llegar a la entrada del juego!". Traté de consolarla mientras batallaba con imaginar de qué manera esta atracción podría valer la pena tanta espera a menos que Harrison Ford mismo se sentara a nuestro lado en el Templo de la Perdición.

—¡Papi, mira! —dijo mi hijo—. ¡Veo una entrada sin fila!

Mi mirada siguió su dedito que señalaba una entrada cercana.

—Campeón, el parque reserva esa entrada para las personas que están lesionadas o que tienen condiciones físicas que podrían hacer que fuera difícil para ellos esperar. Las personas con discapacidades o necesidades especiales utilizan esa entrada para entrar al juego.

—Bueno, pues entonces entremos por esa puerta porque yo tengo una necesidad especial. ¡Ya no puedo esperar más! —dijo.

Mi esposa y yo nos reímos, pero su reacción indicaba que lo había dicho en serio. Mientras una gota de sudor recorría mi espalda, tengo que admitir que me sentí tentado por la idea. Por un momento me pregunté qué pasaría si hiciera avanzar poco a poco a mi familia a la fila en la que podríamos simplemente entrar y subirnos al juego. Pero no lo hice.

—No estoy seguro de que tengas una necesidad especial como de la que hablamos —le dije—. Esa entrada ayuda a las personas que realmente lo necesitan.

—¿Cómo él? Mi hijo señaló a un joven en silla de ruedas en la fila detrás de nosotros. Con suavidad bajé la mano de mi hijo y sonreí en dirección del joven. El hombre sonrió y saludó a mi hijo desde lejos. Con sus gafas de sol, camiseta y pantalones cortos para surfear, el joven se veía como cualquier otro veinteañero en el parque ese día, excepto que su pierna derecha terminaba en la rodilla, por lo que necesitaba utilizar la silla de ruedas.

—Bueno, sí —dije—. Creo que es probable que él pueda usar esa entrada.

Nuestra fila comenzó a avanzar más cerca.

—Entonces, ¿por qué no lo hace? —dijo mi hijo, sin querer cambiar el tema.

—Discúlpeme, pero no pude evitar escuchar su conversación.

Mortificado volteé para ver que el joven en la silla de ruedas estaba casi directamente detrás de nosotros en la siguiente fila.

—Lo siento —dije—. Es que...

—No hay problema —dijo el hombre y sonrió—. Lo entiendo. Está bien, de veras. Solo alcancé a escuchar a su hijo y quería responderle si me lo permite. Mi nombre es Jeff, por cierto.

Nos dimos la mano, me presenté y también le presenté al resto de los miembros de mi familia.

—No utilizo la entrada para discapacitados —dijo Jeff—, porque no me considero discapacitado. Es verdad que no tengo toda la pierna derecha, pero eso no evita que viva mi vida. Sigo yendo a trabajar, juego baloncesto con mis amigos y voy a donde yo quiero.

—¡Como a Disneyland! —dijo mi hijo.

—¡Exactamente! —dijo Jeff—. Uno solo está limitado por la manera en que ve sus circunstancias, no por las circunstancias mismas.

La tendencia hacia la dependencia

Nuestro encuentro con Jeff produjo una fuerte impresión ese día, no solo en mi hijo, sino también en mí. Por un lado, allí estábamos mi hijo y yo, sintiéndonos tentados a tomar un atajo que no era para nosotros simplemente porque estábamos impacientes.

Sabíamos que no teníamos una discapacidad o una necesidad especial para hacer una fila más breve con una entrada especial, pero de todos modos, no queríamos esperar nuestro turno.

Nuestro nuevo amigo, Jeff, por el otro, brindaba un asombroso contraste. Se podría suponer que era un veterano militar que había perdido la mitad de su pierna y como consecuencia tenía que ajustar su vida con esta nueva limitación. Mientras que muchas personas podrían sentirse tentadas a tener lástima de sí mismas, sentirse con derecho a tomar atajos y recibir atención especial, este joven había tomado la dirección opuesta. Había cambiado su actitud a una en la que se rehusaba a verse como víctima de sus circunstancias o como alguien menos que la persona que Dios lo había creado. Nunca olvidaré su mensaje: "Uno solo está limitado por la manera en que ve sus circunstancias, no por las circunstancias mismas".

Por favor, comprenda que no pienso que las personas que necesitan ayuda especial debido a condiciones limitantes sean víctimas o que sean más débiles que alguien como Jeff en alguna manera. Solo he señalado el contraste entre dos tentaciones distintas ese día, dos caras de la moneda de "conformarse con menos". Mi hijo sentía que era injusto tener que esperar en el calor sofocante en una fila tan larga; por lo tanto, pensaba que debía poder pasar por la entrada para sillas de ruedas. Jeff, quien de manera obvia podría justificar tomar tal atajo debido a su discapacidad física, escogió no utilizar la fila especial por la manera que lo hacía sentir. Había experimentado una lesión brutal e injusta; no obstante, se rehusó a permitir que lo definiera o cambiara la fuerza de su carácter.

> "Uno solo está limitado por la manera en que ve sus circunstancias, no por las circunstancias mismas".

Encontramos que es fácil hacernos dependientes de lo que no podemos controlar en nuestra vida. Nos sentimos tentados a ver la vida como injusta y a sentirnos como víctimas de nuestras circunstancias. Y sentimos que es oportuno quedarnos donde estamos en lugar de dar un paso de fe. Pero si queremos romper con nuestro ciclo de dependencia y eliminar nuestras excusas, entonces tenemos que estar dispuestos a aceptar todo lo que Dios tiene para nosotros.

Nuestra tendencia a la dependencia no es nada nuevo. A lo largo de su ministerio público, Cristo se encontró con personas quienes con frecuencia se sentían atrapadas por sus circunstancias o limitadas por sus heridas. A menudo sanaba a personas que sufrían de padecimientos físicos, mentales y espirituales. Y con este amor, poder y gracia, Jesús hizo añicos sus excusas y encendió su iniciativa para vivir por fe no por vista. Su encuentro con un hombre que no podía caminar —y quien al parecer no reconoció a Jesús— fue breve y dramático, pero conlleva enormes implicaciones y aplicaciones para nuestra vida hoy. Démosle una mirada.

Después de estas cosas había una fiesta de los judíos, y subió Jesús a Jerusalén. Y hay en Jerusalén, cerca de la puerta de las ovejas, un estanque, llamado en hebreo Betesda, el cual tiene cinco pórticos. En éstos yacía una multitud de enfermos, ciegos, cojos y paralíticos, que esperaban el movimiento del agua. Porque un ángel descendía de tiempo en tiempo al estanque, y agitaba el agua; y el que primero descendía al estanque después del movimiento del agua, quedaba sano de cualquier enfermedad que tuviese. Y había allí un hombre que hacía treinta y ocho años que estaba enfermo.

Cuando Jesús lo vio acostado, y supo que llevaba ya mucho tiempo así, le dijo: ¿Quieres ser sano?

Señor, le respondió el enfermo, no tengo quien me meta en el estanque cuando se agita el agua; y entre tanto que yo voy, otro desciende antes que yo.

Jesús le dijo: Levántate, toma tu lecho, y anda.

Y al instante aquel hombre fue sanado, y tomó su lecho, y anduvo. Y era día de reposo aquel día.

—JUAN 5:1–9

AL FILO DE UN MILAGRO

Primero, observe la descripción del lugar y de todo lo que lo rodea en esta escena. Estaba ubicado cerca de la entrada al templo de Jerusalén conocida como la Puerta de las Ovejas, es probable que el estanque de Betesda sirviera como un baño público donde los visitantes podían limpiarse y refrescarse antes de entrar a presentar su ofrenda delante de Dios y adorarlo. Los arqueólogos han confirmado que cinco pórticos cubiertos rodeaban el estanque, similares a pequeños portales o pabellones abiertos por los costados. Al saber que muchos habían sido sanados de sus padecimientos al descender al estanque justo después de que las aguas habían sido agitadas por un ángel, una pequeña multitud frecuentaba el sitio.

Mientras se imagina esta escena en su mente, ¿puede ver la multitud de personas con discapacidades? Tanto sufrimiento y dolor; tantos miembros rotos y cuerpos desfigurados; tantas quejas de malestares y gritos de auxilio. Ovejas y cabras balan a la distancia donde pueden ser adquiridos para el sacrificio mientras el olor de los cuerpos humanos, la putrefacción y la enfermedad se mezcla con el aroma de eucalipto, menta y lavanda en la brisa cálida. Todos esperan, con el anhelo de ser los primeros en descender al estanque una vez que vean que la superficie es agitada por parte del ángel invisible que honra al estanque con su presencia.

Ahora, el ojo de su mente comienza a cerrar el enfoque como una cámara para concentrarse en un individuo solitario. Entre los muchos reunidos allí —los que no podían ver, los que no podían caminar, los que no se podían mover para nada— este hombre es un visitante asiduo. La Escritura dice que no había podido caminar durante treinta y ocho años, lo cual es más de lo que abarca una generación. Aunque no sabemos si había acudido al estanque durante todo ese tiempo, podemos imaginarnos con toda seguridad que así era.

De seguro había sido como una tortura para él; estar acostado allí, tan cerca de una oportunidad de sanidad, pero irónicamente incapaz de asirse de ella por lo mismo que lo aquejaba. La afección física por la que deseaba ser sano evitaba que obtuviera el bienestar que se encontraba justo frente a sus ojos. Tan cerca, al filo de un milagro, y al mismo tiempo tan lejos; tenía poca esperanza.

Luego, en medio de esta escena llega Jesús, quien había viajado a Jerusalén y había llegado al templo para celebrar uno de los días de fiesta judía. Al ver al paralítico, Jesús se entera de que tenía mucho tiempo en esta condición. Y entonces llegamos a uno de mis detalles preferidos de esta escena, la primera línea de diálogo en la forma de la pregunta de Jesús:

—¿Quieres ser sano?

¡De todas las cosas que nuestro Señor podría haber dicho es probable que el paralítico no esperara eso! Piénselo; ¿por qué otra razón este hombre se encontraría tendido en el suelo entre muchas otras personas heridas, lesionadas y en sufrimiento? ¿Qué no todos estaban reunidos allí porque querían mejorar? Solo alguien ya sea muy poco observador o poco inteligente podría sentirse tentado a hacer una pregunta tan obvia.

¿Por qué el omnisciente y todopoderoso Jesús le haría a este pobre hombre tal pregunta? ¡Parecería cruel o por completo carente de tacto si usted o yo le hiciéramos a alguien en muletas la misma pregunta en un consultorio médico! ¿Qué tramaba Jesús? ¿Cuál fue su motivación para acercarse de esta manera al hombre y su aflicción? ¿Pudiera ser que Jesús considerara la actitud del paralítico más importante para su sanidad que el hecho de si podía o no llegar al estanque?

Este hombre no había podido caminar por casi cuatro décadas. Pero con base en la pregunta que le hizo el Maestro, debemos preguntarnos si el problema *obvio* no era necesariamente el problema *real* que estaba obstaculizando la recuperación y la sanidad de este hombre. Le respondió a Jesús no con la descripción de su condición o su causa, sino más bien le indicó las razones por las cuales había sido incapaz de experimentar sanidad.

—Mire —le dijo el hombre—, no tengo quien me ayude a descender al agua antes de que otro se me adelante. Soy demasiado lento, y no puedo ganarle a todos los demás en necesidad que se encuentran aquí.

Acabo de parafrasear y hacer más elaborada la respuesta de este hombre, la cual se encuentra en el versículo 7, pero no creo que haya exagerado el punto.

¡La respuesta del hombre resulta ser tan fascinante como la pregunta de Jesús! Paralizado y solo, este hombre pensaba que, sobre todo, necesitaba que alguien lo ayudara a descender al estanque antes de que dejaran de agitarse las aguas movidas por el ángel y perdieran su poder sanador. Es bastante curioso que no le pidiera su ayuda a Jesús para bajar al estanque. En cambio, solo describió su situación, y enfatizó su inhabilidad para ser sano. Como él lo veía, nunca lograría la sanidad por sí mismo aunque había podido llegar a la orilla del estanque. Como no tenía quién lo ayudara, estaba paralizado en un doloroso purgatorio emocional: podía ver los medios de su restauración, pero no los podía alcanzar.

Parecería como si este hombre se hubiera resignado a una vida en la que podía vislumbrar lo que más deseaba, pero sin obtenerlo. Se había resignado a no obtener el milagro que vio experimentar a otros. Incluso si hubiera alguien que lo ayudara, se había convencido de que nunca tendría la suficiente velocidad o movilidad para bajar al estanque a tiempo. Nunca se atrevería a considerar la posibilidad de que un extraño se presentara un día y le ordenara que se levantara y anduviera.

Estaba simplemente atorado sin esperanza de desatorarse.

Creía en las etiquetas que otros le habían puesto, y no podía imaginarse cómo sería cuando ya no fuera discapacitado.

FUERA DE ALCANCE

El predicamento de este paralítico me recuerda una historia que escuché contar en fechas recientes a un amigo. Compartió cómo había estado de vacaciones en Florida para visitar a su padre anciano. Por petición de su padre habían ido a las carreras de galgos, donde la gente apostaba qué perro ganaría en contra de otros competidores caninos (un deporte que los votantes de Florida decidieron eliminar de manera gradual para finales de 2020). Estos grandes animales esbeltos tienen cuerpos de misil y son cazadores naturales que pueden alcanzar velocidades asombrosas de veinte, treinta o incluso cuarenta millas por hora (o bien 32, 50 o 64 kilómetros por hora).

Mi amigo no apuesta y no le agrada en realidad ver que los animales hayan sido puestos en ese tipo de situación competitiva de alto riesgo. No obstante, admiró su gallarda belleza mientras pasaban a toda velocidad alrededor de la pista de tierra en persecución de un conejo mecánico que siempre permaneció delante de ellos. Sin embargo, ese día algo extraño sucedió. Los perros estaban alineados y en sus marcas para correr contenidos en sus carriles por puertas metálicas hasta que sonara la campana y el conejo mecánico pasara a su lado a toda velocidad.

Solo que esta vez algo salió mal. El conejo pasó zumbando, y los perros salieron corriendo en sus carriles, pero luego a unas cien yardas o noventa metros el conejo mecánico se descompuso y se detuvo de pronto. Todos los espectadores se quedaron boquiabiertos y la mayoría, incluyendo a mi amigo, probablemente esperaba que los perros se lanzaran sobre el conejo falso y lo hicieran pedazos. Pero eso no sucedió. ¡En lugar de ello, los pobres canes se quedaron confundidos por completo y no sabían qué hacer!

Mi amigo lo describió como lo más extraño que ha visto. Los ocho perros en la carrera se detuvieron. Un par de ellos olfatearon el conejo descompuesto y luego comenzaron a explorar la cerca. Algunos encontraron un lugar con sombra debajo de un cartel en la orilla de la pista donde echarse. Otro comenzó a aullar, a todas luces confundido por lo que acababa de suceder. Uno incluso se encargó de algunos asuntos personales justo en medio de la pista para diversión de todos. Pero hubo algo que se volvió bastante claro: sin un conejo que perseguir, los galgos perdieron su motivación para correr. Después de incontables cursos de entrenamiento y carreras de práctica en persecución del elusivo blanco, ¡cuando los perros se enfrentaron con el objeto de su persecución no supieron qué hacer con él!

Sospecho que con frecuencia actuamos de la misma manera. Condicionamos nuestra vida a algo fuera de nuestro alcance. Si solo pudiéramos terminar nuestros estudios universitarios, entonces podríamos avanzar y obtener un gran trabajo para hacer lo que nos encanta. Si solo fuéramos notados por nuestro duro trabajo, obtendríamos ese ascenso. Si solo nuestro cónyuge cambiara sus malos hábitos, nuestro matrimonio funcionaría. Si solo nuestros hijos pudieran vencer sus adicciones, podríamos finalmente dejar de preocuparnos y volver a disfrutar la vida. Si solo pudiéramos encontrar la iglesia correcta, entonces creceríamos en nuestra fe.

Si solo… si solo… si solo…

Pero ¿qué sucede cuando obtenemos nuestro "si solo"? ¡Nos sentimos perdidos! Encontramos algo más para hacerlo el punto focal de nuestro contentamiento, avance o crecimiento espiritual. Como los galgos, corremos en pos de nuestro conejo, pero luego tropezamos al atraparlo. Como el hombre del estanque de Betesda, esperamos que alguien más nos ayude a obtener lo que queremos. Nos volvemos dependientes de otras personas, sucesos incontrolables y diferentes circunstancias porque nos sentimos impotentes. Vemos a otros obtener lo que queremos tener, ir donde queremos ir, experimentar lo que anhelamos hacer, pero nos sentimos solos, y no tenemos lo que necesitamos para obtener lo que anhelamos.

Permanecemos paralizados y observamos mientras los demás experimentan el gozo que viene de obtener lo que desesperadamente desearíamos tener.

Escogemos permanecer paralizados.

CORRER PARA GANAR

¿Se puede identificar con el tipo de situación en la que depende de alguien más o de algo más para que su vida cambie? ¿Cuántas veces ha logrado una meta o cumplido un sueño solo para experimentar una decepción increíble?

He corrido toda mi vida y siempre me ha gustado competir en carreras de 5 y 10 kilómetros. El ejercicio me mantiene en forma y me permite disfrutar un poco de tiempo privado con Dios para orar, escuchar y reflexionar.

Hace unos años, gracias al ánimo de mis compañeros de carrera, consentí en inscribirme a un maratón que se celebraría unos seis meses después. Para la mayoría de los corredores, incluyéndome, terminar un maratón —o muchos de ellos— es la meta de toda una vida, una manera medible de saber que uno ha mejorado para competir en el nivel más alto.

Entrené y de manera gradual comencé a correr distancias cada vez mayores en preparación para la ruta de 26.2 millas o 42 kilómetros que se cernía sobre mí. Siempre me había gustado más la velocidad, así que no disfrutaba haber pasado de una carrera corta de ritmo más rápido a una prueba de resistencia a un paso más lento. Pero el desafío me energizó y pronto me sentí cada vez más confiado de que podría terminar el maratón.

Mientras me impulsaba por los últimos trechos, que para mí parecían ser los más agotadores, a menudo me imaginaba a mí mismo que cruzaba la línea de meta de manera triunfal. Mi esposa y mis hijos estarían ahí ovacionando y felicitándome, y celebrando mi logro. Podía visualizar la escena con claridad, lo cual me motivaba para completar los entrenamientos necesarios en espera del día de la carrera.

Pero el día de la carrera, cuando crucé la meta, mi alegría no duró mucho. Sí, Eva y mis hijos estaban allí, emocionados por verme en mi momento de gloria y orgullosos del esfuerzo que hice para cruzar esa meta. Pero después de rehidratarme con una gran cantidad de bebidas deportivas y disfrutar un inmenso plato de pasta, me sentí decepcionado. ¿Qué iba ahora a buscar lograr? Al igual que esos galgos sin un conejo que perseguir, necesitaba una nueva meta. Pero incluso mientras planeaba mi siguiente carrera —¿un triatlón quizá?— sabía que el resultado siempre sería el mismo.

De chico, con frecuencia escuché a mi madre decir: "Ten cuidado con lo que pides, ¡porque podrías obtenerlo!". Yo no entendía lo que me quería decir en ese tiempo, pero más tarde caí en cuenta de su significado. Si no vamos en pos de Dios, siempre quedaremos decepcionados. Aunque lo buscaba por completo a Él; experimenté la decepción que viene de obtener algo que yo había permitido que me definiera.

Tenía que preguntarme qué era lo que esperaba y por qué, si no, no importaría cuantas carreras terminara, podría ganar incluso el Maratón de Boston, pero no sería suficiente.

Ya sea que nos encontremos paralizados y tendidos en el piso o corriendo un maratón, solo podemos romper nuestra dependencia para definirnos por medio de nuestras circunstancias, si meditamos en la pregunta de Jesús.

Le pregunto, estimado lector, ¿quiere ser sano?

VENCEDORES, NO VÍCTIMAS

Pablo resumió mi experiencia con el maratón bastante bien al utilizar la manera en que corremos como una metáfora para nuestra relación con Dios y nuestra búsqueda de Él: "¿No sabéis que los que corren en el estadio, todos a la verdad corren, pero uno solo se lleva el premio? Corred de tal manera que lo obtengáis. Todo aquel que lucha, de todo se abstiene; ellos, a la verdad, para recibir una corona corruptible, pero nosotros, una incorruptible" (1 Corintios 9:24-25). Él supo de primera mano que no importaba lo significativo de nuestro logro o lo devastador de nuestra derrota, ganamos nuestra carrera de fe por medio de enfocarnos en Cristo.

Temo que con demasiada frecuencia permanecemos dependientes del "si solo" y del "y si" en nuestra vida. Inventamos razones por las que no podemos experimentar la vida plena y abundante que Jesús nos dijo que vino a traer. Esperamos que alguien más nos ayude mientras sentimos compasión de nosotros mismos porque no podemos llegar a la fuente de la sanidad por nuestra propia cuenta. En un extremo, hacemos excusas para salirnos de las carreras de la vida, mientras que en el otro vamos en pos de nuestras medallas de oro y luego nos preguntamos por qué no nos satisfacen.

Encontramos la solución, por supuesto, al romper el ciclo de dependencia en nuestra vida y responsabilizarnos por hacer lo que Dios nos pide que hagamos. No estoy seguro de que Jesús pudiera ser más claro en su orden al paralítico; ¡y a nosotros hoy! "Levántate, toma tu lecho, y anda", dijo nuestro Salvador (Juan 5:8).

Mientras que este hombre con visión de túnel se enfocó solo en su discapacidad física y falta de habilidad para recibir sanidad, Jesús, por supuesto, vio una necesidad mucho mayor. Nuestro Señor sabía que este pobre hombre no podría ser sanado en realidad hasta que dejara ir la preocupación que lo había definido los treinta y ocho años anteriores. Jesús entendió cómo esta condición dolorosa se había vuelto el centro de la identidad del hombre. El hecho de que no sepamos su nombre —que sea identificado al inicio solo como un paralítico— nos dice mucho.

¿Qué déficit ha permitido que lo defina? ¿Qué cojera, lesión o enfermedad lleva en su alma aunque su cuerpo se haya recuperado de sus heridas? ¿Cómo responde a la pregunta que le hace Jesús: "Quieres ser sano"?

Antes de que responda con una afirmación automática, lo desafío a que se detenga y piense en lo que sabe que es verdad con base en cómo ha vivido su vida hasta ahora. Cristo le ofrece la misma sanidad que le obsequió a ese hombre ese día en el estanque de Betesda. Pero ¿hará usted lo que sea necesario para recibirla? ¿Decidirá tomar su lecho y andar? ¿O seguirá a la espera de que alguien más lo cargue a su milagro?

Si deseamos la salud de una manera genuina —y me refiero a la salud y a la restauración en todas las áreas de nuestra vida: física, mental, emocional y espiritual—, debemos estar dispuestos a dejar ir las etiquetas que hemos permitido que nos definan. Debemos avanzar más allá de las barreras que permitimos que nos limiten del día a día. Debemos escoger dejar de vernos a nosotros mismos como víctimas de nuestras circunstancias y en lugar de ello ver nuestras circunstancias como sujetas a la autoridad y poder sanador de Jesucristo. ¡Somos vencedores, no víctimas!

También necesitamos dejar ir los calificativos que podríamos ser tentados a añadirle al mandato de Jesús y levantarnos y andar. Desde mi propia experiencia y de lo que he observado en la vida de los demás, con frecuencia hacemos excusas incluso después de haber aceptado a Cristo y tener al Espíritu Santo dentro nuestro. ¡Tenemos el regalo, pero no lo queremos abrir! ¡Tenemos el poder, pero no le queremos dar la bienvenida! Tenemos nuestro milagro, pero no sabemos como avanzar después de haber sido paralizados por la dependencia durante tanto tiempo.

> **Debemos escoger dejar de vernos a nosotros mismos como víctimas de nuestras circunstancias y en lugar de ello ver nuestras circunstancias como sujetas a la autoridad y poder sanador de Jesucristo.**

Queremos sanidad, pero la queremos bajo nuestros propios términos: "Sí, Señor, quiero estar bien siempre y cuando no experimente demasiado dolor o tenga que pagar mucho. Quiero estar bien, pero en realidad no quiero enfrentar la incertidumbre del cambio", pero quizá no se nos ofrezcan la sanidad y los milagros en nuestros propios términos. Si así fuera, muchos de nosotros siempre estaríamos a la espera de que alguien nos cargara a nuestro milagro en lugar de aceptar el milagro que Jesús nos ofrece donde estamos.

Me encanta que el paralítico hizo con exactitud lo que el Señor le pidió y de inmediato y de manera instantánea experimentó una sanidad completa. Los músculos atrofiados hormiguearon con fuerza y los tendones torcidos se enderezaron. ¡El hombre se puso de pie y cayó en cuenta de que no necesitaba que nadie lo llevara a ningún lado! Jesús le ofreció sanidad sin condiciones escondidas, sin imprevistos ni rituales. Este hombre podría haber respondido al mandato de Jesús de levantarse con sarcasmo, amargura, enojo o temor. Pero eso no sucedió.

En lugar de ello este hombre quería recuperarse sin importar lo que le pudiera costar. Instantáneamente dejó a un lado sus excusas, su pasado y su identidad vinculada a su condición, y se paró sobre sus propios pies. Levantó su lecho y tomó ese primer paso y luego otro y otro. Al hacerlo, rompió el ciclo de dependencia que lo había dejado yaciendo al borde de un milagro que nunca podía abrazar.

RESPONDA EN OBEDIENCIA

En esta asombrosa escena somos testigos de un paradigma que cambia de la dependencia y la parálisis a la independencia y la movilidad. El paralítico aceptó que era probable que nunca fuese sanado; después de todo, ni siquiera le pidió a Jesús que lo ayudara, lo levantara y lo llevara al estanque. Este hombre supuso que nunca podría hacer lo necesario, que jamás obtendría lo que al parecer tanto había anhelado. Año tras año, este hombre se hundía más en un cieno de emociones: temor, autolástima, desesperanza y desaliento.

Dependía de otros para su avance.

Dependía de otros para su sanidad.

Dependía de otros para su milagro.

¡Pero entonces encontró a Jesús!

Cuando usted depende más de los demás que de Dios, nunca verá la plenitud del propósito de Dios para usted. Cuando usted depende más de los demás que de Dios, lo definirá una parálisis perpetua. Cuando depende de sus debilidades para definirlo o de sus éxitos para satisfacerlo, se paraliza en el borde del milagro que Dios tiene para usted.

Durante demasiado tiempo hemos dependido de los demás para ser felices.

Hemos dependido de los demás para que nos completen.

Hemos dependido de los demás para nuestros avances.

Hemos dependido del gobierno, de los medios de comunicación y de la cultura popular para enseñarles a nuestros hijos lo que está bien y lo que está mal.

Hemos dependido de las redes sociales para ayudarnos a definirnos en la manera que queremos que otros nos vean.

Hemos dependido de conformarnos con menos que lo mejor de Dios en lugar de confiar en Él para el milagro necesario para experimentar sanidad.

¡Ha llegado el tiempo para un cambio! Ha llegado el tiempo de escuchar la voz de Jesús que nos pregunta: "¿Quieres ser sano?". Y ha llegado el momento de responderle con su obediencia.

Su destino no descansa en las manos de alguien más.

Su futuro no descansa en las manos de alguien más.

Su familia no descansa en las manos de alguien más.

Su destino, su futuro y su familia descansan en las manos de Aquél que lo ama, salva, redime y sana. Jesús dijo: "Nadie podrá arrebatármelas de la mano" (Juan 10:28). Estimado lector, ha llegado el momento de dejar a un lado sus excusas, moverse más allá de vivir de manera condicional y romper su ciclo de dependencia.

¡Ha llegado el tiempo de levantarse!

¡Ha llegado el tiempo de caminar en fe!

¿Ha estado en espera toda su vida por su turno para ser sano?

¡Usted es el próximo!

Capítulo dos

USTED ES EL PRÓXIMO... EN PONERLE FIN A LA PARÁLISIS GENERACIONAL

Usted es lo que tolera.

MI TELÉFONO SONÓ por tercera vez consecutiva en diez minutos, y respire profundo antes de responder. Otro periodista más llamó para solicitar mi opinión sobre la crisis de inmigración en la frontera sur de nuestro país. La situación requería la atención de todos independientemente de su afiliación política.

Como presidente de la mayor asociación de pastores hispanos y líderes cristianos en nuestro país, descubrí que mi punto de vista tenía cierto peso para los medios de comunicación deseosos de citar las palabras de líderes con una perspectiva personal y profesional única. Yo no tenía respuestas o soluciones instantáneas. No critiqué a nuestro presidente ni les di las frases sensacionalistas que hubieran querido, pero no quería perder la oportunidad de hablar sobre un tema urgente de una grave importancia.

La ironía de la situación no me había pasado inadvertida. Siendo un chico estadounidense nacido en Nueva Jersey y criado en el Valle Lehigh de Pensilvania, en una zona entre Filadelfia y Allentown, no podía evitar sentirme tan estadounidense como cualquier otro en nuestro vecindario suburbano de clase trabajadora. Sin embargo, en la escuela media enfrenté acoso por parte de otros estudiantes por ser de ascendencia puertorriqueña. Lo más triste es que también encontré prejuicios por parte de algunos adultos. Nunca olvidaré la indignación que sentí al estar sentado en la oficina de la asesora vocacional en mi primer año de escuela media-superior. Habíamos programado una reunión para hablar acerca de mi elección de materias, las cuales en ese momento tendían a inclinarse hacia la universidad y una carrera profesional o hacia un oficio calificado como parte de una fuerza de trabajo obrera.

Cuando la asesora me preguntó qué pensaba acerca de mi futuro, le hablé acerca de mi interés en las computadoras y en la ingeniería informática. No lo tomó muy en serio, me trató con condescendencia como si fuera un muchacho friki que no tenía idea de cómo funciona el mundo y trató de dirigirme hacia la construcción, la jardinería o algún otro oficio. Para ella no significaba nada que tuviera un alto promedio y que tomara cursos avanzados que me ponían entre los mejores de mi numerosa generación. Esta mujer no me podía imaginar como un profesional universitario. ¡No lo hizo por mal y es probable que pensara que me había hecho un favor! Pero mi encuentro ese día me motivó a trabajar todavía más duro para mostrarle a ella y a todos los que eran como ella que nunca me quedaría paralizado por factores demográficos o generacionales.

Parálisis política

No sé si mi voz influenció en la búsqueda de soluciones para los problemas relacionados con las políticas de nuestro país sobre inmigración. Pero sé que los problemas dentro de nuestro país —por este volátil tema y tantos más— pueden ya sea unirnos y hacernos más fuertes a medida que vencemos juntos los obstáculos, o pueden continuar dividiéndonos, atomizándonos en facciones y paralizándonos hasta el punto en que nuestros problemas se sientan insuperables. Soy un firme creyente en que los obstáculos representan oportunidades disfrazadas.

No obstante, con temas tales como la inmigración recuerdo bastante que los obstáculos culturales, sociales y políticos también nos pueden paralizar tanto como individuos como nación, si esperamos que alguien más haga algo. Como el hombre del estanque de Betesda podemos esperar que alguien más le ponga fin a la parálisis generacional que hemos heredado o podemos escuchar a la voz de Jesús y experimentar libertad de un legado de pérdidas a medida que encontramos sanidad y descubrimos nuestro destino divino.

La decisión es nuestra.

Y comienza con nosotros.

Justo aquí y en este momento.

Por supuesto, creo que nuestro país y nuestro mundo solo podrán encontrar esperanza en Jesucristo. Y esta esperanza se extiende y marca una diferencia para vencer las cadenas de prejuicio, pobreza y parálisis por medio de la iglesia cristiana local. Dios nos llama, junto con los demás millones de seguidores de Jesús unidos dentro de la Iglesia alrededor del mundo a ser los que llevemos su luz en un mundo que parece oscurecerse más cada día.

Y el hecho de que tantos reporteros, periodistas y conductores de noticiarios quisieran entrevistarme sobre el tema de la inmigración subraya que la separación percibida entre la iglesia y el estado no tiene validez cuando se trata de asuntos de la vida humana y la integridad moral. Como personas comprometidas con seguir el ejemplo de Cristo, nosotros, de todas las personas, deberíamos estar dispuestos a actuar, servir y liderar. Temo que en lugar de ello sucumbimos a la parálisis generacional que nos aflige como una epidemia.

> **No necesitamos más seguidores de partidos políticos. ¡Nuestra nación necesita más seguidores del Cordero!**

Solo necesita encender su teléfono, computadora portátil, tableta o pantalla y seleccionar una fuente noticiosa. Encienda Fox, MSNBC, CNN, ABC, NBC, CBS o inclusive, Univision y verá la parálisis de nuestro país. La corrección política nos paraliza. La discordia política nos deja impotentes. La disparidad económica nos incapacita. La falta de comunicación nos lisia. Una actitud de desconfianza hacia los que son diferentes nos discapacita. La falta de disposición a respetar a aquellos con quienes no estamos de acuerdo nos congela.

¿Alguien tiene la respuesta? Antes de que se empiece a preguntar si pienso ser candidato a un puesto público, ¡la respuesta es no! Por favor, comprenda que no me quejo. No necesitamos más seguidores de partidos políticos. ¡Nuestra nación necesita más seguidores del Cordero!

La respuesta a la parálisis de nuestro país es Jesús.

¡La respuesta a la parálisis de nuestra patria es la Iglesia de Jesucristo!

No cualquier iglesia, sino una iglesia unida. Una iglesia dividida nunca sanará a una nación quebrantada. ¡La respuesta a la parálisis de nuestra nación es una iglesia santa (1 Pedro 1:16), una iglesia sana (1 Pedro 2:24), una iglesia saludable (3 Juan 2) y una iglesia feliz (Juan 15:11)! Pero para cambiar a la iglesia, a la nación y al mundo, debemos primero confrontar nuestra propia parálisis personal. Porque al final del día para los estadounidenses el Tío Sam podrá ser nuestro tío, pero nunca será nuestra Padre celestial.

LA VIDA SE ENTROMETE

Todos sufrimos de parálisis en diferentes momentos de nuestra vida. Nuestra inmovilidad podría ser el resultado de una lesión devastadora, una enfermedad debilitante o una adicción peligrosa. Podríamos estar atorados en el mismo lugar a causa de la traición de alguien más. Quizá nos congelen los temores de lo que podría suceder si nos arriesgamos a dar un paso de fe como al que Dios nos llama. Es probable que nos aferremos a creencias falsas acerca de nuestra identidad con base en nuestras circunstancias, el origen de nuestra familia y nuestras limitaciones.

Pero considere cuantas veces en la Biblia los individuos paralizados por la indecisión, la inacción y la inconsistencia son energizados a la acción por el poder de Dios. ¡Cuando Dios quiere usarnos, nada ni nadie puede limitarlo! De manera irónica, con demasiada frecuencia lo limitamos porque lo vemos con nuestros ojos mortales. Uno de mis "hombres de acción" de la fe favoritos es Abram, quien siguió adelante hasta convertirse en Abraham.

Toda su historia está caracterizada por paradas y arranques. La primera vez que se nos presenta a Abram sucede cuando se muda con su padre de Ur a Canaán: "Y tomó Taré a Abram su hijo, y a Lot hijo de Harán, hijo de su hijo, y a Saraí su nuera, mujer de Abram su hijo, y salió con ellos de Ur de los caldeos, para ir a la tierra de Canaán; y vinieron hasta Harán, y se quedaron allí. Y fueron los días de Taré doscientos cinco años; y murió Taré en Harán" (Génesis 11:31-32).

Ahora bien, los caldeos de la tierra de Ur adoraban ídolos, no al Dios viviente quien instó a Taré a mudarse a Canaán (Canaán es la tierra que más tarde sería conocida como la Tierra Prometida, porque Dios se la prometió a Abram, y es la tierra hacia la que guio al pueblo de Israel después de liberarlos de la esclavitud en Egipto). Y aunque Dios llamó a Taré al igual que a Abram, por alguna razón Taré nunca llegó al destino que Dios tenía para él. Quizá se cansó o se enfermó y ya no pudo seguir con el viaje, no lo sabemos.

Pero sí sabemos que Taré se estableció en Harán y que murió allí. No terminó la jornada que inició. Se quedó detenido y terminó muerto entre donde comenzó y donde Dios quería llevarlo. Nosotros hemos visto suceder la misma situación una y otra vez con las personas que conocemos en la actualidad. Comienzan con fuerza en su búsqueda de sus sueños dados por Dios y no pueden esperar a seguirlo a su propia tierra prometida.

Pero entonces la vida se entromete.

Lo más probable es que usted también lo haya experimentado.

El título universitario por el que trabajó tan duro no lo ha ayudado a encontrar un trabajo en su campo; no obstante, tiene que hacer los pagos de sus préstamos estudiantiles. La plomería se tapa en la casa y la reparación requiere una fuerte cantidad de dinero que no tiene. El cónyuge a quien le entregó su amor por el resto de su vida, traiciona sus votos y decide divorciarse de usted. Sus hijos que solían temerle a la oscuridad y correr a usted para recibir consuelo, ahora enfrentan la oscuridad de una adicción y huyen de la ayuda que usted les ofrece. El cuerpo que siempre ha sido fuerte y saludable de pronto le falla, incapaz de soportar el dolor crónico que años de estrés han producido.

En medio de las intromisiones de la vida perdemos de vista nuestros sueños. Nos atoramos y no sabemos cómo continuar. Nos conformamos con menos de lo mejor de Dios y hacemos todo lo que podemos para sobrevivir un día más. Aceptamos Harán en lugar de proseguir a Canaán. Nos sentimos ridículos por siquiera pensar que podríamos haber llegado a tan alto destino. Nos sentimos avergonzados por perder la esperanza en la habilidad de Dios de desatorarnos. Nos sentimos molestos de que otros parecen rebasarnos y ver cumplidos sus sueños mientras permanecemos dejados atrás.

Y cuando se queda en Harán en lugar de seguir a Canaán, es probable que también lo hagan sus hijos. Quizá vio cómo lo que sus padres trabajaron tan duro en obtener se deslizó entre sus dedos durante la recesión económica o cuando el Alzheimer reclamó su mente. Es probable que nunca hayan terminado la universidad y tampoco pudieron ayudarlo a obtener su preparación académica.

Pudiera ser que sus padres se divorciaran y le hayan enviado el mensaje de que los matrimonios no duran.

Tengo una revelación para usted: todos sufrimos de parálisis; quizá no física, sino espiritual, emocional, financiera o relacional. Se encuentra leyendo esto incluso mientras se esfuerza por avanzar en su vida. Ha perdido la movilidad y su motivación para actuar. Decepcionado por otras personas, circunstancias y las consecuencias de sus propias decisiones, batalla con sueños paralizados.

Integridad paralizada.

Fe paralizada.

Destino paralizado.

Carrera paralizada.

Relaciones paralizadas.

Ministerios paralizados.

Muchos factores pueden insensibilizar nuestra alma hasta el punto en que ya no sentimos nada. Perdemos nuestro sentido de equilibrio espiritual y nuestra capacidad para confiar en Dios a medida que damos pasos de fe. Muchas cosas nos aquejan: pecado, fracaso, temor, el pasado, vergüenza, condenación religiosa, autolástima, haber sido víctimas de algo, pobreza, haber sufrido abuso, relaciones rotas, falta de perdón e incredulidad. Estamos paralizados.

Paralizados por las opiniones de los demás acerca de nosotros.

Paralizados por lo que los demás dicen de nosotros.

Paralizados por la constante necesidad de ser afirmados y validados.

Paralizados por el temor, tanto por lo que vemos en el mundo exterior como por lo que vemos cuando echamos una mirada al interior de nuestro propio corazón.

Al igual que el hombre junto al estanque de Betesda, en un nivel macrocolectivo en Estados Unidos y alrededor del mundo hay generaciones paralizadas, lisiadas por el relativismo moral, la decadencia cultural, la apatía espiritual, la violencia, la corrupción, la oscuridad, el odio, el prejuicio, la intolerancia, la perversión y la muerte.

LA IDENTIDAD DEL CREYENTE

El enemigo de la gracia, la verdad y el amor desea paralizar su futuro por medio de definiciones, nomenclaturas y descriptores que le han sido asignados que no se alinean con el destino profético de Dios y con su propósito para usted. ¡En otras palabras, el enemigo lo paralizará si no está seguro de su identidad en Cristo! Por lo tanto, usted debe hacerse estas preguntas cruciales:

¿Quién soy?
¿Soy definido por mi pasado?
¿Soy definido por mis circunstancias?
¿Soy definido por lo que dice la gente de mí?

Tengo excelentes noticias de lo que sucedió en la cruz: Cristo lo define:

Lo que lo rodea no lo define.
El Espíritu de Dios dentro de usted lo define.

Sus circunstancias no lo definen.
Su pacto lo define.

El infierno por el que está pasando no lo define.
El cielo al que se dirige lo define.

Sus fracasos no lo definen.

Su perdón lo define.

Para todos mis hermanos y hermanas en Facebook, Twitter e Instagram:

Los muchos "Me gusta" no los definen.
El amor de Uno los define.

Y para todos los amigos religiosos:

Lo que ustedes hacen por Dios no los define.
¡Lo que Dios ya hizo por ustedes —a través de la cruz, la tumba vacía, el aposento alto, su sangre y su Palabra— los definen!

El Padre lo define.
El Hijo lo define.
El Espíritu Santo lo define.
Gálatas 2:20 lo define: "Con Cristo estoy juntamente crucificado, y ya no vivo yo, mas vive Cristo en mí; y lo que ahora vivo en la carne, lo vivo en la fe del Hijo de Dios, el cual me amó y se entregó a sí mismo por mí".

LA IDENTIDAD DEL CUERPO DE CRISTO

Con tantos que tratan de definirnos como el Cuerpo de Cristo, nos compete hacernos las mismas preguntas de manera colectiva.

¿Quiénes somos como seguidores de Cristo?
¿Quiénes somos como su Iglesia?
¿Somos solo otra institución en la sociedad?
¿Somos otra narrativa religiosa de la fe que compite en el mercado de las ideas?

¿Somos una muleta de bienestar para los discapacitados espirituales?

¿Somos un reducto anticuado de valores irrelevantes que ya no son aplicables en el mundo de Facebook, Twitter, Instagram y YouTube?

Nuestra respuesta determinará si la luz vencerá a las tinieblas en nuestra generación. Así que, ¿quiénes somos? Con claridad, convicción y valentía debemos dar la respuesta siguiente:

Somos la luz del mundo.
Somos una ciudad sobre un monte.
Somos la gente de la Palabra.
Somos sal y luz.
Somos proféticos y no patéticos.
Somos discípulos, testigos y seguidores de Cristo.
Somos evangelistas, pastores y maestros.
Somos hijos de la cruz, fruto de la tumba vacía y producto del aposento alto.
Somos los redimidos del Señor.
Somos las ovejas de su prado.
Somos perdonados, libres y favorecidos.
Somos llamados y escogidos.
Somos guerreros y adoradores.
Somos justicia de Dios.
Somos los que cambian al mundo y hacen historia.

También permítame decirle quiénes *no* somos. No somos Google, Microsoft, Ford o incluso Starbucks. ¡Somos la iglesia de Jesucristo y las puertas del infierno no deben prevalecer, no podrán prevalecer y no prevalecerán contra nosotros! ¡Aleluya!

Ahora que ha respondido la pregunta de su identidad, debe a

continuación responder a la voz de Jesús que lo llama: "¿Quieres ser sano?".

A LA ORILLA DE LAS POSIBILIDADES

Todos queremos recuperarnos. A nadie le gusta estar paralizado. No me puedo imaginar a nadie que escoja estar paralizado cuando se le presente la oportunidad de ser sanado y restaurado. Pero en ocasiones el riesgo, el temor y la incertidumbre de responder al llamado de Jesús parece demasiado abrumador. Parece más fácil, seguro y conveniente quedarse en el suelo, con el deseo de que alguien lo ayude a llegar al agua al mismo tiempo de aceptar que nunca llegará allí con la suficiente rapidez. Resignarse a una vida de parálisis, aunque sea devastador y no permita movernos, de manera extraña parece preferible a levantarnos y atrevernos a dar ese primer paso.

No obstante, la parálisis proviene en parte de estar atrapado entre la inmovilidad y la posibilidad. Quizá se le haya dicho que acepte que su situación jamás cambiará. Pero una vez que usted tiene el atisbo de la posibilidad de un milagro, ¿cómo cerrar la puerta de la fe de su corazón a la sanidad? No importa qué tanto su mente trate de insistir en que no sucederá el milagro, usted comienza a preguntarse: "¿Y si…?".

¿Y si la sanidad de algún modo podría estar al alcance? Usted cree que su matrimonio posiblemente ya terminó, pero ¿y si sucediera un milagro y usted y su cónyuge se perdonaran y restauraran su relación? Usted habla con los cobradores y supone que tendrá que declararse en quiebra, pero ¿y si encontrara dinero que no sabía que tenía y pudiera pagar sus deudas? Usted supone que nunca será ascendido en el trabajo porque no está titulado, pero ¿y si su supervisor notara su duro trabajo y lo recompensara con un aumento?

El paralítico sabía lo que significaba preguntarse: "¿Y si?", y esperar y esperar y esperar a que algo cambiara. Incluso si se había resignado a la parálisis, permanecía allí junto al estanque. Estaba a la orilla de las posibilidades, tenía esperanza contra esperanza que de alguna manera podría descender a las aguas agitadas primero. Tan lento como era, él sabía cognoscitiva, racional y lógicamente que nunca sería el primero en descender al estanque después de que el ángel agitara las aguas.

No obstante, no se iba.

Se quedó allí aun y cuando no tenía mucho sentido.

Algunas veces solo podemos quedarnos a la orilla de las posibilidades, con esperanza, pero sin una razón lógica de una solución, un cambio, una sanidad. No podemos ver un camino hacia adelante. Hemos olvidado lo que se siente estar de pie y caminar por nosotros mismos. Sentimos lástima por nosotros mismos y resentimos que otros reciban la sanidad que anhelamos experimentar.

Sin embargo, nos aferramos a la esperanza en la orilla de la posibilidad.

SOLO HÁGALO

Otros días encontramos demasiado doloroso esperar, nos parece demasiado atemorizante como para pensar en cómo sería la vida si obtuviéramos lo que hemos necesitado durante años y años. Porque entonces no sabríamos quién ser o cómo vivir. Nos acostumbramos tanto a estar paralizados que no nos podemos imaginar quienes seríamos si pudiéramos volver a caminar.

Sabemos que, si nos ponemos de pie e intentamos dar ese paso en nuestras fuerzas, podríamos caer y estar de vuelta donde comenzamos. Incluso podríamos sentirnos avergonzados por pensar en intentarlo de nuevo después de batallar y esforzarnos por ponernos de pie solo para colapsarnos otra vez. Al principio, nuestro enojo podría impulsarnos a seguir intentándolo y luego intentarlo con más ímpetu, pero con el tiempo estaríamos tan exhaustos que se nos terminaría la fuerza de voluntad.

Piense en su propia vida por un momento. Piense en esas áreas específicas donde se siente entumecido e incapaz de avanzar. Piense en los sueños que se han marchitado y que lo han dejado sintiéndose como una víctima de la esperanza atrofiada.

¿Cuántas veces ha intentado esforzarse más y hacerlo mejor? ¿Con cuánta frecuencia se ha prometido a sí mismo volver y terminar sus estudios, enfrentarse a su jefe o buscar un nuevo empleo? ¿Cuántas veces ha tratado de renunciar a una relación abusiva solo para fracasar? ¿Cuántas veces al día se critica a sí mismo por comer de más, fumar, pasar demasiado tiempo en línea o beber de más?

> **A menudo nos sentimos como víctimas porque no podemos vencer nuestra parálisis por nosotros mismos. Pero el propósito de Dios nunca fue que lo hiciéramos por nuestra propia cuenta.**

Usted nunca puede vencer la parálisis generacional por su cuenta. Al escribirle a la comunidad de creyentes en Roma, Pablo explicó: "Porque lo que hago, no lo entiendo; pues no hago lo que quiero, sino lo que aborrezco, eso hago [...] porque el querer el bien está en mí, pero no el hacerlo" (Romanos 7:15 y 18). ¿Cuándo se ha sentido impotente de hacer lo que sabía que Dios quería que hiciera? ¿Cuándo ha batallado con una tentación solo para sucumbir a los ataques del enemigo y terminar haciendo lo que sabe que no quiere hacer?

Las buenas noticias —más bien, las *absolutamente excelentes* noticias— son que no tiene que depender de su propio poder. Pablo concluyó: "¡Miserable de mí! ¿quién me librará de este cuerpo de muerte? Gracias doy a Dios, por Jesucristo Señor nuestro" (Romanos 7:24–25). A menudo nos sentimos como víctimas porque no podemos vencer nuestra parálisis por nosotros mismos. Pero el propósito de Dios nunca fue que lo hiciéramos por nuestra propia cuenta. Así que envió a su Hijo a morir por nuestros pecados, y envió al Espíritu Santo para que viva en nuestro corazón.

¡No necesita ser una víctima, mi amigo! Dios le ha dado la victoria por medio de su relación con su Hijo, Jesucristo. Cuando Jesús le dijo al paralítico que caminara, el hombre tomó su lecho y anduvo. Cuando Dios lo llama a moverse, no importa quiénes sean sus padres y lo que hicieron o dejaron de hacer. Al igual que el paralítico, usted simplemente tiene que hacerlo; no lo piense, tampoco hable de ello ni lo analice. Mucho antes de que la frase se volviera sinónimo de la marca deportiva Nike, el mensaje provino de la voz de Jesús cuando le dijo a un hombre que se levantara y anduviera.

Solo hágalo.

ROMPA DE TAJO

Sé que parece demasiado simple como para ser verdad. Usted quiere simplemente hacerlo, pero el que todos a su alrededor le recuerden acerca de su parálisis lo hace más difícil. Y usted tiende a creerles porque encuentra demasiado doloroso esperar más. En especial cuando esas voces les pertenecen a nuestros padres, podría parecer imposible liberarse y hacer lo que nunca los ha visto hacer.

Pero usted no es sus padres.

Su vida no tiene por qué resultar igual que la suya. Su matrimonio no tiene que terminar solo porque el de ellos lo hizo. No tiene que batallar con la adicción a los analgésicos por prescripción solo porque ellos lo hicieron. No tiene que renunciar a la esperanza y hundirse en la depresión solo porque ellos lo hicieron. Quizá se conformaron con Harán en lugar de ir por Canaán, pero usted no tiene que quedarse donde ellos se quedaron. ¡Puede sepultarlos con todo y su parálisis y seguir adelante!

Con mucha frecuencia queremos culpar a nuestros padres por nuestra parálisis, pero Dios derrumba esa excusa. Sí, nuestra madre y nuestro padre influencian de manera dramática nuestra vida. Al igual que nuestros abuelos, tutores e incluso los cuidadores que conocimos cuando éramos niños. ¡Pero sus errores no determinan nuestra vida! Quizá suframos las consecuencias de sus malas elecciones y sus decisiones equivocadas, pero no tienen el poder de dejarnos paralizados por el resto de nuestra vida. Podemos romper de tajo con la parálisis generacional y permitirle a Jesús que nos restaure.

Jesús les señaló esto a sus seguidores cuando se enfrentó con sanar a un hombre que no podía ver. Cuando Cristo pasaba con sus discípulos, se encontraron a un hombre que había sido ciego de nacimiento. Los discípulos le preguntaron a su Maestro si los pecados del hombre o los de sus padres habían causado su ceguera. La respuesta del Señor los sorprendió: "No es que pecó éste, ni sus padres, sino para que las obras de Dios se manifiesten en él" (Juan 9:3). Jesús quería decir que el hombre había sido liberado de la maldición de la Ley porque le exige cosas a la gente que nadie puede cumplir.

En el léxico moderno le llamaríamos a estas noticias un

"cambio de juego" para las personas acostumbradas a estar atoradas en la vida con base en la familia en la que habían nacido. Bajo la Ley que Dios le dio a Moisés, los pecados del padre con frecuencia hacían eco a lo largo de las siguientes generaciones. Pero cuando vino Jesús y murió en la cruz por nuestros pecados, rompió para siempre el poder de cualquier maldición, fortaleza o pecado generacional. La Biblia nos dice: "Cristo nos redimió de la maldición de la ley, hecho por nosotros maldición (porque está escrito: Maldito todo el que es colgado en un madero), para que en Cristo Jesús la bendición de Abraham alcanzase a los gentiles, a fin de que por la fe recibiésemos la promesa del Espíritu" (Gálatas 3:13-14).

¿Sabe lo que significa? ¡La Tierra Prometida lo espera!

Sin importar donde se hayan establecido sus padres, abuelos o ancestros antes de llegar a la Tierra Prometida, ese lugar ya no lo retiene. La "bendición de Abraham" mencionada en este pasaje de Gálatas nos lleva de vuelta a un ejemplo que no debemos dejar de lado. Porque, mire, después de que su padre murió en Harán, Dios habló con Abram y le recordó que había llegado el tiempo de seguir adelante.

> Pero Jehová había dicho a Abram: Vete de tu tierra y de tu parentela, y de la casa de tu padre, a la tierra que te mostraré. Y haré de ti una nación grande, y te bendeciré, y engrandeceré tu nombre, y serás bendición. Bendeciré a los que te bendijeren, y a los que te maldijeren maldeciré; y serán benditas en ti todas las familias de la tierra.
> —Génesis 12:1-3

Esta bendición, nos dice Gálatas 3:13-14, les pertenece no solo al pueblo judío como descendientes directos de Abraham, sino también a los gentiles. Lo que hizo Jesús por todas las personas nos libera de cualquier fuerza del pasado que intente paralizarnos.

ANDAR EN LIBERTAD

Quizá esté al tanto de las áreas de parálisis en su vida a medida que batalla para creer que Dios lo puede liberar del peso generacional que continúa dejándolo inmóvil. Es probable que piense: "Sé que Dios puede sanarme, pastor Sam, pero estoy cansado de esperar y esperanzarme. Tengo demasiado por vencer. Incluso si me llego a poner de pie, siempre cojeo".

Aunque entiendo este sentimiento, debo desafiarlo a dejar ir las cadenas que lo atan y en lugar de ello a andar en la libertad que tiene en Cristo. Jesús dijo: "El Espíritu del Señor está sobre mí, por cuanto me ha ungido para dar buenas nuevas a los pobres; me ha enviado a sanar a los quebrantados de corazón; a pregonar libertad a los cautivos, y vista a los ciegos; a poner en libertad a los oprimidos" (Lucas 4:18). Estimado lector, usted ha sido liberado sin importar las cadenas que lo hayan sujetado o las consecuencias generacionales que podría haber heredado.

La parte delicada es ahora caminar en su nueva libertad. Quizá haya escuchado acerca de los animales enjaulados que se acostumbran tanto a la comodidad y a la familiaridad de su confinamiento que incluso cuando las personas los liberan para regresar a la naturaleza, se quedan allí. Estas criaturas salvajes hechas para vivir en junglas, selvas y bosques se han acostumbrado a ver barrotes frente a ellas. Ahora pueden dejar atrás su prisión y pasar por las puertas abiertas de sus jaulas, pero eso significaría dar un paso hacia lo desconocido en la naturaleza.

Quizá, al igual que un animal enjaulado que fue liberado se siente aprehensivo sobre quién será y cómo será su vida si se pone de pie y comienza a caminar en el poder de Dios. Tome un momento para preguntarse: "¿Quién sería yo si tuviera la paz y seguridad que siempre he anhelado? ¿Quién sería yo si confiara en que Dios suplirá cada necesidad y descansara en el conocimiento de su soberanía? ¿Quién sería yo si dejara de culpar a mis padres, a mis hijos, al que abusó de mí, a mi jefe, a mis suegros y a mis enemigos?

Como corredor sé lo intimidante que puede ser ver la meta a tan gran distancia y preguntarse cómo es que voy a llegar allá. Como líder sé lo abrumador que puede ser contemplar lo que necesita suceder para que se lleve a cabo un cambio en nuestras comunidades. Como pastor sé lo imponente que puede ser servir a los que se sienten quebrantados, sin esperanza y desesperados. Si tratara de hacerlo en mis propias habilidades permanecería asustado, abrumado e intimidado. ¡Pero entonces escucho la voz de Jesús que me dice que me levante y ande!

DIOS CONQUISTA. USTED POSEE. SUS HIJOS HEREDAN.

> Entonces Josué convocó a los doce hombres que había elegido, uno por cada tribu de Israel. Les dijo: "Vayan a la mitad del Jordán, frente al arca del Señor su Dios. Cada uno de ustedes debe tomar una piedra y cargarla al hombro; serán doce piedras en total, una por cada tribu de Israel. Las usaremos para levantar un monumento conmemorativo. En el futuro, sus hijos les preguntarán: "¿Qué significan estas piedras?". Y ustedes podrán decirles: "Nos recuerdan que el río Jordán dejó de fluir cuando el arca del pacto del Señor cruzó por allí". Esas piedras quedarán como un recordatorio en el pueblo de Israel para siempre".
>
> —JOSUÉ 4:4-7, NTV

Dios les dijo:

Cuando te ayude a cruzar, construye algo.

Cuando te dé la victoria, construye algo.

Cuando te lleve al otro lado, construye algo.

No para ti, sino para tus hijos y para los hijos de tus hijos, y los que sigan después.

Hoy más que nunca escucho al Espíritu decir: "Lo que hago no es solo para ti; es más para tus hijos y los hijos de tus hijos". Porque en lo que respecta a cumplir con nuestro destino y hacer avanzar el Reino de Dios en el nombre de Jesús:

Dios conquista.

Usted posee.

Sus hijos heredan.

Por eso la batalla es tan intensa. Por eso la oscuridad prevalece. Por eso el Reino sufre violencia. ¡Porque no se trata solo de usted! ¡Se trata del Padre sobre usted, de Jesús al frente suyo, del Espíritu en su interior y de sus hijos que vienen detrás! Así que cuando obtenga su avance, construya. Cuando cruce, construya. ¡Pero no para usted mismo!

Construya algo: ¡para ellos!

Cruce: ¡para ellos!

No se rinda: ¡por ellos!

> Luego, mientras revisaba la situación, reuní a los nobles y a los demás del pueblo y les dije: "¡No le tengan miedo al enemigo! ¡Recuerden al Señor, quien es grande y glorioso, y luchen por sus hermanos, sus hijos, sus hijas, sus esposas y sus casas!
>
> —Nehemías 4:14, ntv

Esto significa que hay momentos en los que Dios lo ha levantado no por usted sino por ellos. ¡Hubo momentos en los que fracasó, cayó o se apartó de Dios, pero Dios tuvo misericordia, no solo por usted, sino por ellos!

Cuando Dios lo sacó…

Lo levantó…

Lo limpió…

Lo redimió, reparó y restauró, no lo hizo solo por usted, ¡también lo hizo por ellos!

Entonces, ¿por qué construir un memorial? ¿Por qué un altar? ¡Porque Dios quiere que usted les diga! ¡Quiere que comparta la historia! Sé que crecimos con la creencia de que hay ciertas cosas que les debemos ocultar a nuestros hijos. Sé que el *modus operandi* estándar es proteger a nuestros hijos de nuestros fracasos. Pero con la gracia como nuestra meta y el amor como nuestra guía, dígales por lo que pasó. Dígales lo que enfrentó. ¡Dígales cómo venció por la sangre del Cordero y la palabra de su testimonio!

La mejor herencia que puede dar es su testimonio. Salmos 119:111 dice: "Por heredad he tomado tus testimonios para siempre, porque son el gozo de mi corazón". Deje de tratar de esconder lo que Dios quiere que comparta. Cuénteles su historia.

Había una vez…

Pero Dios…

En lugar de…

"Esta es mi historia, esta es mi canción".[1]

> Nosotros hablaremos del poder, belleza y majestad de tus hechos maravillosos; yo pensaré mucho en ellos y los daré a conocer a mis propios hijos.
> —Salmos 145:4-6, tla

> Una generación alabará Tus obras a otra generación, y anunciará Tus hechos poderosos.
> —Salmos 145:4, nblh

¡Así que el pueblo de Israel construyó un altar, un memorial y un testimonio! Y nosotros hacemos lo mismo. Cada piedra es algo que usted venció.

Aquí fue cuando Dios se presentó.

Aquí fue cuando Dios rompió mis cadenas.

Aquí fue donde murió la adicción.

Aquí fue donde fue llevada cautiva la cautividad.

Aquí fue donde el temor huyó.

Recuerde: Dios conquista. Usted posee. Sus hijos heredan. ¿Y cómo es la herencia de sus hijos?

¡Sus hijos vendrán a casa!

El hará volver el corazón de los padres hacia los hijos, y el corazón de los hijos hacia los padres.

—MALAQUÍAS 4:6

Pero ahora esto dice el Señor: "No llores más, porque te recompensaré —dice el Señor—. Tus hijos volverán a ti desde la tierra lejana del enemigo".

—JEREMÍAS 31:16, NTV

¡Sus hijos serán salvos!

Cree en el Señor Jesús y serás salvo, junto con todos los de tu casa.

—HECHOS 16:31, NTV

¡Sus hijos profetizarán y verán lo que otros no podrán!

Y en los postreros días, dice Dios, derramaré de mi Espíritu sobre toda carne, y vuestros hijos y vuestras hijas profetizarán; vuestros jóvenes verán visiones, y vuestros ancianos soñarán sueños.

—HECHOS 2:17

¡Sus hijos nunca vivirán en aquello de lo que Dios lo libró!

Y dijeron los varones a Lot: ¿Tienes aquí alguno más? Yernos, y tus hijos y tus hijas, y todo lo que tienes en la ciudad, sácalo de este lugar; porque vamos a destruir este lugar, por cuanto el clamor contra ellos ha subido de punto delante de Jehová; por tanto, Jehová nos ha enviado para destruirlo.

—GÉNESIS 19:12-13

¡Sus hijos harán cosas mayores!

De cierto, de cierto os digo: El que en mí cree, las obras que yo hago, él las hará también; y aun mayores hará, porque yo voy al Padre. Y todo lo que pidiereis al Padre en mi nombre, lo haré, para que el Padre sea glorificado en el Hijo. Si algo pidiereis en mi nombre, yo lo haré.

—JUAN 14:12-14

¡Porque al final del día Dios conquista, usted posee y sus hijos heredan!

Dios nos llama a cada uno de nosotros a ser responsables por nuestra propia vida. Con toda seguridad quiere usarnos en el mundo para influenciar la vida de otros y atraerlos al mismo poder de sanidad que vean manifiesto en nosotros. Como explicó Jesús al sanar al ciego, Él revela su gloria y su poder por medio de hacer lo imposible en nuestra vida. Es probable que debamos recordar las palabras de Edward Everett Hale: "Solo soy uno, pero sigo siendo uno. No puedo hacerlo todo, pero todavía puedo hacer algo; y como no puedo hacerlo todo no me rehusaré a hacer lo que puedo".[2]

¿Se seguirá retorciendo con base en la parálisis generacional pasada?

¿O se levantará y andará?

La decisión es suya.

¡Usted es el próximo!

Capítulo tres

USTED ES EL PRÓXIMO... Y ESTA VEZ NO PERDERÁ SU TURNO

La confianza nunca debe ser sacrificada
en el altar de la conveniencia.

HACE ALGUNOS AÑOS recibí una llamada de una fuente noticiosa nacional, un pilar icónico de preeminencia periodística reconocido alrededor del mundo para pedirme una entrevista. Más que solo una entrevista o un comentario, esta agencia de medios quería presentarme de una manera importante al frente y al centro de una semblanza completa que destacara mi vida, mi ministerio y liderazgo para ilustrar lo que he descrito como un nuevo movimiento comprometido con reconciliar el mensaje de salvación de Billy Graham a través de Cristo con la marcha por la justicia del Dr. Martin Luther King Jr.: la agenda del Cordero. ¿Quién lleva esta agenda? El grupo demográfico de más rápido crecimiento que está redefiniendo el cristianismo que cree en la Biblia (cristianismo bíblico) y la adhesión a los principios del Nuevo Testamento en el siglo veintiuno (movimiento evangélico). Bienvenido a una reforma multiétnica y multigeneracional.

Esta fuente noticiosa envió a un reportero y a un fotógrafo para seguirme de cerca en Sacramento y en un viaje a D. C. con el fin de capturar una variedad de imágenes y videos espontáneos de mi iglesia y de mí. Me emocionó pararme en el púlpito ese domingo y compartir con mi congregación, muchos de los cuales pertenecen a la reforma de la agenda del Cordero, acerca de esta oportunidad de compartir la obra del Señor en nosotros y a través de nosotros. Presenté a nuestros invitados y expliqué cómo tomarían fotografías y entrevistarían a algunos de ellos para obtener una buena impresión de nuestra iglesia. Traté de no presumir, pero expliqué que estaría en la cubierta y la parte central del artículo principal de esta importante fuente noticiosa.

Al día siguiente entablé una larga conversación con el reportero. Aunque habíamos disfrutado varias conversaciones más breves y casuales, el reportero y yo nos reunimos para nuestra entrevista informal a fondo. Al comenzar a hablar, el periodista de manera sutil y luego no tan sutil comenzó a hacerme preguntas desafiantes con respecto a mi perspectiva sobre temas sociales y políticos. Yo ya había aclarado que me consideraba un líder sin bandera partidaria e independiente con el deseo de hacer avanzar una agenda de rectitud y justicia en el nombre de Jesús sin importar el partido en el poder. Para reforzar mi posición le expliqué cómo ya había trabajado tanto con el presidente Bush como con el presidente Obama.

No obstante, comencé a tener la clara impresión de que el punto de vista del reportero como individuo comenzó a dirigir nuestra conversación —junto con mis respuestas— hacia ciertas creencias. Llegamos a un *impasse* cuando el periodista con toda gentileza desafió mi postura provida y mi inquebrantable defensa de la libertad religiosa a la luz de recientes decisiones de la Suprema Corte. Le expliqué que no juzgaba a las mujeres ni a nadie que tuviera el punto de vista a favor del aborto, pero no podía transigir con respecto a la Palabra de Dios y su regalo de nueva vida, sin importar las circunstancias humanas y las consecuencias. Dicho de manera sencilla, en mi misión por hacer avanzar el mensaje lleno de gracia de Jesús me mantenía comprometido con un principio definitorio: la verdad jamás deberá verse sacrificada en el altar de la conveniencia política.

Al terminar nuestra conversación, el periodista de manera casual me preguntó acerca de otros latinos evangélicos con los que la publicación podría hablar para terminar de bosquejar la semblanza acerca de mí y este movimiento emergente. Nombré a varios líderes, el reportero me dio las gracias y terminamos nuestro tiempo juntos. Me sentía inquieto, pero no podía explicar por qué, así que simplemente oré para que Dios obrara a través de esta oportunidad como Él quisiera.

¿Qué podría salir mal?

Este era mi turno, ¿o no?

Ver pasar el desfile

Pasaron unas semanas y no podía esperar a que apareciera el gran reportaje. Vi algunas de las fotografías de la visita del reportero, incluyendo una que supuse aparecería en la cubierta de la icónica publicación periódica en la que aparecería el artículo. Mis padres se sentían muy orgullosos y emocionados por mí. Mi esposa y mis hijos compartían mi alegría y la bendición de tal cobertura para nuestra iglesia y para el movimiento. Mi congregación celebró conmigo y comencé a recibir llamadas y correos electrónicos de felicitación de amigos y pastores de mi red y más allá.

Por fin, apareció el reportaje. Pero la descripción correcta sería que *nos golpeó* el reportaje, porque mi emoción rápidamente se rompió en varios pedazos que no me gustó experimentar: decepción, enojo, frustración, vergüenza y tristeza. No apareció mi fotografía en la portada, sino una frase que utilicé una y otra vez en la conversación con el reportero que fue utilizada como el encabezado y título del artículo. El artículo mismo presentaba poco material de mi entrevista, y el reportero había procedido a entrevistar a las personas que le había recomendado y nos había dado el mismo espacio a todos.

Me sentí avergonzado al enfrentar a todas las personas en mi vida quienes esperaban compartir mi alegría. La mayoría se sintieron confundidos y se lo achacaron a la tendencia de los medios de comunicación de querer abarcar una mayor audiencia de consumidores. También me sentí avergonzado de que era posible que hubiera dejado que mi hambre le hubiera ganado a mi humildad. Aunque no era ningún pecado querer atención nacional para nuestra organización y la iglesia cristiana, mucho menos dar a conocer lo que Dios había hecho en la vida de tantos hombres, mujeres y familias en nuestro gran país, sabía que mi orgullo había experimentado un fuerte golpe.

También sabía en mi corazón que si hubiera estado dispuesto a decir lo que el reportero quería que yo dijera, entonces habría recibido lo prometido. Hubiera recibido mi turno. En lugar de ello, vi que otros tomaron el escenario en un momento en el que pensé que yo estaría allí. Perdí mi turno. De alguna forma, no parecía justo. Por supuesto, confié en la soberanía de Dios, y sabía que podía contar con Él y su fidelidad. No obstante, toda la situación me atravesó con remordimiento. ¿Por qué había sucedido?

Sin importar la manera en que racionalizara el resultado o cuánto y con cuánta frecuencia orara y le confiara la situación a mi Salvador, todavía me sentía como un niño que estaba siendo obligado a ver pasar el desfile sin mi participación.

Había perdido mi turno.

PERDIDO EN ACCIÓN

La historia del hombre en el estanque de Betesda tiene muchos aspectos, pero la parte con la que más me identifico es el sentimiento de frustración de estar esperando su turno. Ese hombre esperó su turno durante años, se imaginaba, esperaba y soñaba con el momento en que entraría primero al estanque, solo para enfrentar decepción, enojo y frustración una y otra vez. Una y otra vez tuvo que ser testigo de otros descender a las aguas y emerger con alegría exuberante gracias a que su lesión, enfermedad o padecimiento había desaparecido de milagro. Quizá el paralítico quisiera celebrar con ellos, estar feliz por ellos, pero aun así...

¿Cuándo sería su turno?

Mi situación con el reportaje no puede siquiera comenzar a compararse con este hombre que había estado paralizado treinta y ocho años, y, no obstante, todos conocemos ese sentimiento. Todos hemos tenido esos momentos en los que esperábamos que algo bueno sucediera solo para verlo escaparse entre nuestros dedos. Todos sabemos lo que se siente esperar nuestro turno y perderlo en el último momento.

Quizá perdió el ascenso por el que trabajó tan duro, quedándose a trabajar hasta tarde y horas extra para asegurarse de ir más allá de los requerimientos de las responsabilidades de su puesto. Sus compañeros de trabajo reconocían su ética de trabajo, sus clientes le daban las calificaciones más altas posibles y su jefe le aseguró que su tiempo había llegado. Cuando se abrió la nueva vacante, todos lo consideraron una mera formalidad cuando usted hizo la solicitud. ¡Con toda seguridad el empleo era suyo!

Hasta que no fue así.

Otra persona obtuvo el empleo. O el sobrino del director general. O alguien en su equipo al que usted había capacitado. No tenía sentido. Nadie parecía entenderlo, pero perdió su turno.

> **Todos hemos tenido esos momentos en los que esperábamos que algo bueno sucediera solo para verlo escaparse entre nuestros dedos.**

O es probable que haya perdido su oportunidad con la persona que esperaba pasar su vida, un hombre o una mujer de Dios quien compartiera su fe, su deseo por formar una familia, sus valores y sus intereses. Se conocieron, comenzaron a pasar más tiempo juntos y empezaron a enamorarse. Ambas familias lo aprobaban y no podía esperar a casarse. Con el pasar de los meses, usted esperaba la propuesta que formalizara lo que simplemente sabía que ambos sentían.

Pero nunca llegó.

Su posible prometido o prometida decidió salir con alguien más y continuar su amistad con usted y nada más. Tan perfectos como parecían ser el uno para el otro, el amor de su vida pasó de largo y lo dejó más solo que nunca. Pensó que se casaría y que pronto comenzaría una familia, pero perdió su turno.

Quizá ha batallado con una condición física toda su vida, una que ha limitado su habilidad de disfrutar todas las áreas de la vida que ve a los demás gozar. Ha aprendido a compensarlo, probablemente a través de medicamentos o mecanismos o la ayuda de otros, pero anhela vivir con ambos pies en la tierra, como de seguro lo soñó el paralítico de Betesda soñó durante tanto tiempo. Semana tras semanas, mes tras mes, ha hecho lo que sabe que debe hacer para volverse más fuerte: terapia física, ejercicio y un estilo de vida saludable. Ha visto a otros con su misma condición recuperarse y estar bien de nuevo, así que la posibilidad no se puede negar.

Y, no obstante... a usted no le ha sucedido.

Todavía batalla.

Todavía lo intenta.

Su esperanza se agota.

En secreto tiene el temor de que sea demasiado tarde.

Ha perdido su turno.

Y así las cosas.

ATRÁS DE LA FILA

"¡Papá, ella tiene dos galletas y yo solo una!". "¡No es justo, mamá, él puede acostarse más tarde que yo!". "¡Yo llegué primero! Ellos se metieron en la fila, ¡que se vayan al final de la fila!". "¿Cuándo es mi turno? Todos ya pasaron. ¡Quiero mi turno!".

Cuando nuestros hijos eran chicos, Eva y yo con frecuencia nos encontrábamos atrapados en medio de resolver situaciones con base en el testimonio de nuestros hijos. Como con la mayoría de los pequeños, no era inusual que se culparan entre sí por juguetes rotos o habitaciones desordenadas y que sintieran que merecían ser tratados en una manera superior a sus hermanos. Querían que el mundo fuera justo cuando así les convenía, pero también querían todo inclinado a su favor.

Como adultos con frecuencia hacemos lo mismo.

Tendemos a los extremos, nos sentimos como víctimas de la injusticia de la vida mientras que al mismo tiempo nos sentimos con derecho a tener lo que queremos de la manera que lo queremos. A medida que vemos que otros reciben el empleo, el cónyuge, la familia, la carrera laboral, la salud o las bendiciones materiales que tanto anhelamos disfrutar, nos cansamos de esperar. No podemos entender por qué otros obtienen lo que queremos mientras seguimos batallando y luchando y en espera y mirando.

No podemos comprender por qué alguien más siempre se nos adelanta. Sentimos que se nos debe, que tenemos derecho y que no se nos ha cumplido, y simplemente no podemos encontrar la razón por la que permanecemos atorados en el mismo lugar, paralizados por tantas responsabilidades, tantas cuentas por pagar, tan poco dinero y por tanto trabajo que todavía falta por realizar.

Algunas veces cuando perdemos nuestro turno, se siente en especial doloroso porque nunca hemos dejado de guardar la fe. Sabemos que Dios es bueno y soberano. Con toda seguridad quiere lo mejor para nosotros, ¿no es así? La Palabra de Dios nos asegura: "Y sabemos que a los que aman a Dios, todas las cosas les ayudan a bien, esto es, a los que conforme a su propósito son llamados" (Romanos 8:28). Entonces, ¿por qué no ha respondido a nuestras oraciones, sanado nuestras heridas o restaurado nuestras relaciones? Pensamos: "Si Dios me ama —y sé que así es— entonces, ¿por qué no he recibido mi turno?".

Nos cansamos de esperar.

Nuestra paciencia se agota.

Decidimos tomar los asuntos en nuestras propias manos.

Tomar nuestro turno

Por supuesto, necesitamos recordar que nuestra idea de lo mejor puede diferir en gran manera de lo que Dios sabe que es mejor, según su sabiduría y omnisciencia divinas. Los caminos de Dios son más altos que nuestros caminos, y no podemos saber todo lo que Él sabe. Como seres espirituales en cuerpos mortales, tenemos un entendimiento limitado a través de nuestros sentidos y nuestro intelecto, así como por el confinamiento al tiempo lineal como lo conocemos. Lo que pensamos que es mejor con frecuencia se queda corto de lo mejor eterno que Dios quiere derramar en nuestra vida.

Incluso cuando Dios nos da consuelo personal o revelación profética, es probable que no obtengamos lo que sentimos que nos ha prometido en la manera que esperamos. Esas situaciones con frecuencia nos tientan a tomar los asuntos en nuestras propias manos y a tratar de forzar a las personas y a los eventos a que se conformen a lo que creemos que nosotros —y Dios— queremos que se haga. Dios quiere que esperemos en Él y permanezcamos pacientes frente a obstáculos y probabilidades imposibles. Pero nosotros queremos oprimir el botón de avance rápido y saltar a la sanidad, el milagro, la promesa cumplida y el don.

Uno de los ejemplos más intrigantes emerge de la vida de Jacob, a quien Dios más tarde le cambió el nombre por Israel, el padre fundador de la nación de Dios del pueblo judío. No obstante, me parece sobresaliente que incluso antes de que Jacob llegara, Dios le prometió al abuelo de Jacob, Abraham, que sería el iniciador de una poderosa nación de personas que perduraría por todos los tiempos. ¿Quién no estaría encantado de recibir tal promesa del Señor?

Pero los años se convirtieron en una década, y todavía Abraham y su esposa, Sara, no habían concebido un hijo. Habían envejecido y Sara ya no era capaz físicamente de embarazarse. Los dos trataron de forzar la situación, con Sara que le ofreció su doncella, Hagar, para que fuera un tipo de madre sustituta para darle a luz a Abraham un heredero, lo cual hizo (lea la historia completa en Génesis 16).

Solo que Dios no tenía eso en mente. Dios tenía el propósito de darle a Abraham y a Sara un hijo, así que lo hizo. Sara dio a luz un niño al que llamaron Isaac, que significa risa. Sospecho que estos dos padres ancianos se sintieron tan llenos de alegría al hacer lo imposible, concebir y dar a luz un hijo en su ancianidad, que no podían dejar de reír.

Isaac creció y tuvo dos hijos propios, fueron los gemelos Esaú y Jacob. Incluso antes de que nacieran, Dios indicó que el más chico por unos minutos, Jacob, gobernaría sobre su hermano mayor, Esaú, el primogénito. Observe cómo el carácter de estos dos los llevaba a sentir como si hubieran perdido su turno.

> Y oró Isaac a Jehová por su mujer, que era estéril; y lo aceptó Jehová, y concibió Rebeca su mujer. Y los hijos luchaban dentro de ella; y dijo: Si es así, ¿para qué vivo yo? Y fue a consultar a Jehová; y le respondió Jehová: Dos naciones hay en tu seno, y dos pueblos serán divididos desde tus entrañas; el un pueblo será más fuerte que el otro pueblo, y el mayor servirá al menor.
>
> ... Y crecieron los niños, y Esaú fue diestro en la caza, hombre del campo; pero Jacob era varón quieto, que habitaba en tiendas. Y amó Isaac a Esaú, porque comía de su caza; mas Rebeca amaba a Jacob.

> Y guisó Jacob un potaje; y volviendo Esaú del campo,
> cansado, dijo a Jacob: Te ruego que me des a comer de ese
> guiso rojo, pues estoy muy cansado. Por tanto fue llamado
> su nombre Edom. Y Jacob respondió: Véndeme en este día
> tu primogenitura. Entonces dijo Esaú: He aquí yo me voy
> a morir; ¿para qué, pues, me servirá la primogenitura? Y
> dijo Jacob: Júramelo en este día. Y él le juró, y vendió a
> Jacob su primogenitura. Entonces Jacob dio a Esaú pan y
> del guisado de las lentejas; y él comió y bebió, y se levantó
> y se fue. Así menospreció Esaú la primogenitura.
> —Génesis 25:21-23, 27-34

No obstante, la historia no termina allí porque Jacob aseguró la otra dimensión de su identidad como el hijo más importante. Con la ayuda de su madre, Jacob se hizo pasar por Esaú y le llevó de comer a su padre. El anciano, que no podía ver y engañado por las pieles que Jacob utilizó para simular los peludos antebrazos de su hermano, bendijo entonces al engañador con la bendición tradicional que un padre solo le podía dar a su primogénito.

Jacob obtuvo lo que quería; o eso pensó. Excepto que su vida empeoró en lugar de mejorar durante muchos años. Es probable que la culpa de haber engañado a su padre pesara sobre él. La vergüenza de explotar a su hermano y robarse la herencia de Esaú solo le añadía al peso aplastante que llevaba Jacob. Lo irónico, por supuesto, es que por trabajar con tanto fervor por lograr lo que Jacob creía que Dios le había prometido desde antes de nacer, Jacob puso en movimiento consecuencias que solamente produjeron más caos, congoja y engaño para todos en su familia.

Jacob pensó que había perdido su turno, así que hizo algo al respecto. No recibió a cambio aquello que esperaba. Una vez más seguramente se sintió decepcionado. Jacob siguió huyendo, temeroso de enfrentar a su hermano. Se casó —dos veces, de hecho—, se hizo rico y el Señor lo bendijo, pero Jacob sabía que las cosas no estaban bien.

Todavía le faltaba lo que más deseaba.

Nunca es suficiente

La historia de Jacob nos recuerda que aunque obtengamos lo que pensábamos que queríamos, no equivale a esperar a lo que Dios tiene para nosotros. Después de tanta huida, después de esperar y esperar, Jacob finalmente tuvo más de lo que podría haber esperado. Según el estándar de la mayoría de sus vecinos, el hijo menor de Isaac se había vuelto un hombre rico: dos esposas, doce hijos, grandes rebaños e incontables cabras y asnos. Estos intentos insuficientes de compensación no podían evitar que el pasado lo agobiara.

No podemos excusar o justificar lo que hizo Jacob. En lugar de esperar el tiempo de Dios, se robó la bendición de su hermano gemelo por medio de conspirar con su madre, Rebeca, y de engañar y mentir descaradamente a su padre, Isaac. Jacob también se aprovechó de Esaú al haber explotado una situación en la que encontró a su hermano hambriento después de una larga jornada de cacería. Como sabía que su treta sería descubierta, Jacob huyó y siguió en la huida durante una gran parte de su vida.

Al principio se fue a vivir con su tío Labán, donde Jacob experimentó un tipo de duplicidad y explotación similar a las que había perpetrado previamente sobre su propia familia. Después de soportar siete años de trabajo necesarios para casarse con Raquel, la mujer que amaba, Labán lo engañó al casar a Jacob con Lea, la hermana de Raquel. Luego tuvo que trabajar siete años más, para casarse con Raquel. Pero incluso entonces Jacob todavía no había encontrado la paz de saber que había llegado su turno.

Hemos nacido en situaciones más allá de nuestro control por

lo cual nos sentimos tentados a culpar a nuestros padres, nuestras familias y las limitaciones de nuestras fronteras socioeconómicas. Quizá nos resignemos a creer que nunca podremos levantarnos por encima de la línea de base de nuestro nacimiento. O es probable que trabajemos duro para mejorarnos a nosotros mismos y lograr lo que consideramos es lo que merecemos. No obstante, incluso después de parecer exitosos por los estándares del mundo, todavía nos sentimos timados, nos sentimos estafados, aun nos sentimos privados de la paz, el propósito y la pasión que vemos a otros disfrutar.

Sospecho que incluso desde su nacimiento es probable que Jacob sintiera que había perdido su turno, al tomarse del talón de su hermano cuando competían por salir del vientre a este mundo. Por lo tanto, su mismo nombre, Jacob, que significa el que toma por el talón o suplantador, reflejaba el hecho de que había perdido su turno y no había emergido como el primogénito, quien según la tradición recibía la bendición del padre y el derecho a heredar la mayor parte de la riqueza de su padre.

En la Biblia, los nombres con frecuencia reflejan el carácter o la personalidad de uno. No podemos saber si Jacob de manera natural era un tramposo, un engañador o un embaucador de corazón o si se amoldó a su nombre porque era lo que los demás esperaban de él. Sin importar cuál haya sido la situación, al parecer vivió a la altura —o en este caso en lo bajo— de lo que su nombre decía de él: alguien siempre en pos de su turno, en persecución de la siguiente oportunidad de obtener lo que necesitaba para ser pleno.

Debemos recordar nuestra verdadera identidad en Cristo. Él no lo hizo a usted un sustituto, el segundo mejor o la persona que llegó demasiado tarde y se perdió de una cita divina con el destino.

Algunas veces, cuando uno pierde su turno, batalla con superarlo. Se siente timado. Podría enojarse contra Dios y, como Jacob, decidir tomar los asuntos en sus propias manos, determinado a tomar lo que debería ser suyo ya que usted perdió su turno. Sea de manera intencional o inadvertida, usted aplasta a otras personas, ignora las consecuencias y exige la bendición que le pasó de largo. Es probable que tome atajos en el trabajo para llevar más dinero a casa. Quizá omita la verdad a su familia para obtener lo que usted quiere de ellos. Cuales sean las circunstancias, usted doblega su integridad para obtener lo que cree que satisfará su alma.

No obstante, si usted desea experimentar la misma sanidad y andar por fe, como el hombre del estanque de Betesda, debe recordar su verdadera identidad en Cristo. Él no lo hizo un sustituto, el segundo mejor o la persona que llegó demasiado tarde y se perdió de una cita divina con el destino. ¡Él lo hizo un hijo o una hija del Rey! Y aunque usted, al parecer, perdió una oportunidad o vio que alguien más disfrutó lo que pensaba era para usted, ¡Dios siempre lo bendecirá con lo que en verdad necesita!

El hombre de Betesda pensó que necesitaba que alguien lo ayudara a descender al estanque. Creía que solo necesitaba ser más rápido, un poco más ágil para recibir la sanidad que deseaba con tanta desesperación. Pero resultó que ¡no necesitaba ninguno de esos ingredientes! Simplemente necesitaba a Jesús.

Pelee por su fe

Quizá sepa que necesita a Jesús y es probable que ya lo conozca como su Señor y Salvador. Es probable que haya estado en espera mucho, mucho tiempo, por su turno. ¡Lo que sea que haga ahora, estimado lector, no se rinda! Dios no lo ha traído hasta este punto para abandonarlo; ¡ha prometido que nunca lo dejará ni lo abandonará! ¿Y si su turno lo espera esta tarde, esta noche, mañana, esta semana o el próximo mes? Confíe en que Dios tiene una bendición que lo espera a la vuelta de la esquina. ¡Crea que su turno ha llegado!

Jacob tenía miedo de tener un enfrentamiento con su enojado hermano Esaú. Habían pasado décadas desde que hablaron o se vieron por última vez. Pero Jacob sabía que tenía que enfrentar las necedades de sus errores del pasado si quería recibir la herencia espiritual que Dios le había prometido. Jacob se armó de valor y se presentó para el combate contra su hermano; solo que Esaú no se presentó.

En lugar de ello, Jacob se encontró cara a cara consigo mismo. Envió delante de él a sus esposas, siervos e hijos y bajó la guardia. A solas, Jacob luchó con Dios quien tenía la forma de un hombre y se rehusó a rendirse hasta que Dios lo bendijera.

> Así se quedó Jacob solo; y luchó con él un varón hasta que rayaba el alba.
>
> Y cuando el varón vio que no podía con él, tocó en el sitio del encaje de su muslo, y se descoyuntó el muslo de Jacob mientras con él luchaba.
>
> Y dijo: Déjame, porque raya el alba. Y Jacob le respondió: No te dejaré, si no me bendices.
>
> Y el varón le dijo: ¿Cuál es tu nombre? Y él respondió: Jacob.
>
> Y el varón le dijo: No se dirá más tu nombre Jacob, sino

Israel; porque has luchado con Dios y con los hombres, y has vencido.

—GÉNESIS 32:24-28

El turno de Jacob por fin había llegado. ¡Se rehusó a rendirse! Ya no podía huir ni esconderse ni batallar. Jacob dejó de ir en pos de todo lo que creía que pudiera compensarle no tener el turno que pensaba que merecía. Y cuando Jacob dejó de correr, se encontró cara a cara con Dios. Por medio de luchar y rehusar a rendirse o darse por vencido, Jacob recibió la bendición de Dios, simbolizada por un nombre nuevo, Israel, y por la cojera que lo acompañaría por el resto de su vida.

Al igual que Jacob, es probable que usted se sienta golpeado, cojo y que batalla para apenas pasarla. Pero ya no tiene que luchar más. Ha perseverado y ha ganado el favor de Dios. Ya no tiene que pelear por su turno porque Dios lo quiere bendecir.

Para recibir lo que el Señor tiene para usted solamente requiere su fe. La fe, y solo la fe, lo salva. No tiene que solucionar problemas, resolver conflictos, proveer soluciones, hacer que otros cambien o forzar que nada suceda.

¿Qué pasaría si el problema que usted pensaba tener no es el problema en realidad?

¿Qué pasaría si simplemente necesitara de dejar de preocuparse tanto y trabajar tan duro y rindiera su necesidad a los pies del Señor Jesucristo?

¿Qué pasaría si usted fuera el siguiente en la fila para recibir lo mejor de Dios?

SU TIEMPO HA VENIDO

¡Cuando Dios interviene en su vida, Él hace que usted sea el siguiente incluso si perdió su turno antes! Cuatro años después de haber perdido mi turno con el reportaje de mi semblanza, miré a cientos de miles de personas mientras estaba de pie en la plataforma a una corta distancia de donde se llevaría a cabo el discurso inaugural de nuestro nuevo presidente. Hice una oración que fue vista y escuchada por millones de personas alrededor del mundo, solo unos momentos antes de que el nuevo líder de nuestro país hiciera el juramento para entrar en funciones. ¡De pronto me bombardearon con llamadas, mensajes de texto, correos electrónicos, solicitando entrevistas, opiniones, artículos, libros, oraciones y cualquier cosa que quisiera compartir!

Mi turno había llegado.

Pensé que había perdido mi turno años atrás, pero Dios tenía algo incluso más grande y excelente en espera. ¡Jamás habría estado de pie en el podio presidencial para dirigirme a millones de personas alrededor del mundo el Día de la Inauguración Presidencial de 2017 si hubiera perdido mi turno! Al ver el mar de rostros, me maravillé —y todavía lo hago— por lo que Dios ha hecho en mi vida y continúa haciendo cada día y todos los días. Lo que pareció un turno perdido hace años, de hecho me preparó para algo mayor.

Cuando Jesús dice: "¡Tu turno ha llegado!", me vienen estas palabras a la mente: "¡Qué increíble!". Por la gracia de Dios (1 Corintios 15:10), el hombre que fue pasado de largo hace años se ha convertido en asesor presidencial, autor de mayor venta, productor de películas, pastor de una megaiglesia y sobre todo, el agradecido beneficiario de la gracia de Jesús.

Quizá piense que haya perdido su turno, pero he escrito este libro para decirle, estimado lector, que su turno ha llegado. Algo más grande, mejor y más arrojado de lo que esperaba o imaginaba sucederá pronto. ¿Cree que el hombre a la orilla del estanque de Betesda creía que alguna vez andaría, caminar de verdad, de la manera en que lo hizo? En un momento estaba recostado en el piso en espera, imaginándose, añorando que tendría su turno, y al momento siguiente, Jesús le ordena que ande y él se pone de pie ¡y da un paso tras otro!

Jesús aparece y convierte a este hombre, paralítico durante casi cuarenta años, el siguiente en la fila. El hombre espera que alguien lo ayude a llegar a la orilla del estanque con la esperanza de que de algún modo, pudiera ser el primero en meterse al agua sin importar lo poco probable que eso pudiera ser. Al parecer lo había intentado antes, pero a causa de su parálisis debilitante simplemente se movía demasiado lento. Otras personas, que podían caminar y con toda la movilidad de su cuerpo, se apresuraban a zambullirse y bañarse en las aguas de sanidad, para recibir la salud otorgada por ser los primeros.

> **Quizá piense que haya perdido su turno, pero he escrito este libro para decirle que algo más grande, mejor y más arrojado de lo que esperaba o imaginaba sucederá pronto.**

¿Cuántas veces ha esperado que sea su turno para que después de todo resultara que no fue su momento? ¿Cuánto más esperará mientras se le escapa la oportunidad de crecer, cambiar y ser todo aquello para lo que Dios lo diseñó? ¿Cómo puede seguir conformándose con menos de los mejor de Dios cuando Jesús está justo delante de usted y le pregunta: "¿Quieres ser sano?"?

Ha estado en espera de su turno.

Ha estado en oración por su turno.

Ha estado en ayuno por su turno.

Ha estado esperando por su turno.

Ha pasado por todo un infierno por su turno.

¡Ha peleado contra diablos, demonios, principados, potestades de las tinieblas, extraños, familiares e incluso contra usted mismo por su turno! Y al igual que el hombre del estanque de Betesda, quizá se ha preguntado: "¿Cuándo seré el próximo?".

Le digo en el nombre de Jesús que a causa de lo que ha pasado, a causa de adonde irá —no solo por su causa, sino por sus hijos y sus nietos— el tiempo de caminar en fe ha venido. Deje de esperar en alguien más para sanarlo, ayudarlo o entregarle el destino divino que Dios tiene para usted. Ya no se sentará en la banca para ver a otros recibir la abundancia de bendiciones que le pertenecen. Se terminó ya el tiempo de estar paralizado por el temor, el enojo, la decepción o las circunstancias.

¡No pierda este momento!

Ponga una sonrisa en su cara, alabanza en sus labios y brillo en sus ojos, porque listo o no, ¡usted es el próximo! No solo oro o espero esto para usted, estimado lector; ¡creo que Dios se lo promete! ¿Quién puede detener lo que Dios se ha propuesto (Isaías 14:27)? Él declara: "A su debido tiempo, yo, el Señor, haré que esto suceda" (Isaías 60:22, NTV). ¡Lo desafío a creer junto conmigo que usted es el próximo!

Quizá haya perdido su turno antes, pero no esta vez. ¡Esta vez usted es el próximo! Nadie se le meterá en la fila. Nadie más recibirá lo que Dios le quiere dar. ¡Nadie más podrá robar lo que ha sido designado desde la eternidad por el poder del Dios viviente, Creador del cielo y de la Tierra!

¡Usted es el próximo en ser liberado de adicciones!

¡Usted es el próximo en ver a toda su familia ser salva!

¡Usted es el próximo en recoger una cosecha sin precedentes!

¡Usted es el próximo en despertar y participar en cambiar a nuestra gran nación!

¡Usted es el próximo en ser testigo de un fresco derramamiento del Espíritu Santo!

¡Usted es el próximo para el avance!

¡Usted es el próximo para el desbordamiento!

¡Usted es el próximo para la sanidad!

Viva como si fuera el próximo, alabe como si fuera el próximo, dance como si fuera el próximo, regocíjese como si fuera el próximo, adore como si fuera el próximo, aclame con alegría como si fuera el próximo y levántese y ande como si fuera el próximo.

¿Quiere ser sano?

Usted. Es. ¡El próximo!

Capítulo cuatro

USTED ES EL PRÓXIMO... MIENTRAS DIOS CONFRONTA SU PRESENTE

Usted no es definido por la simpatía de muchos; es definido por el amor de Uno.

N UNCA OLVIDARÉ COMO tuve un atisbo de la presencia de Jesús en mi vida por primera vez. No experimenté una sanidad dramática como el hombre de Betesda o una voz fuerte y profunda desde el cielo, pero me sacudió y me dejó igual de sorprendido.

Ahora bien, reconozco que si me hubiera visto entonces en la escuela media-superior, ¡es probable que hubiera dicho que no se necesitaba mucho para sacudirme! La mayoría de la gente me habría llamado friki, un buen estudiante interesado en aprender y determinado a destacarse, quien era bastante introvertido y reservado. Odio admitirlo, pero es probable que me sintiera más emocionado por escuchar a Bon Jovi, Guns N' Roses y Van Halen que los sermones de nuestro pastor los domingos. Prefería jugar juegos de video a estudiar la Biblia y disfrutaba más ver MTV y las repeticiones de viejos episodios de *Star Trek* que ir a la escuela dominical. ¡En otras palabras, me veía y actuaba como un típico adolescente en la década de 1980!

Después de la escuela media-superior quería ir a la universidad y estudiar informática, convertirme en ingeniero o en algún tipo de programador en el creciente campo de la tecnología. Nunca me imaginé convertirme en pastor. Solo en mis peores pesadillas me podía ver de pie en un púlpito para predicar delante de miles de personas. Nunca en mis sueños más salvajes podría imaginarme hablando con el presidente de los Estados Unidos, mucho menos orar en su inauguración delante de una audiencia mundial de millones de personas.

Pero todo eso cambió una noche a los dieciséis años.

La mayor parte del día fue como cualquier otro día de escuela. Fui a clases, regresé a casa, hice la tarea, cené con mi familia y entonces me preparé para ver la televisión unos minutos antes de irme a dormir. Al cambiar de canal, pasé por las comedias de

situación familiares del pasado con risas grabadas, por las teleno-
velas melodramáticas de horario estelar con petroleros millonarios
pretendiendo a mujeres glamorosas y entonces, por alguna extraña
razón, dejé de pasar los canales cuando llegué a un reconocido
evangelista que predicaba delante de una multitud de personas en
un gran auditorio. En ese tiempo, en realidad nunca había pensado
mucho en él o en su estilo de predicar.

No obstante, en ese momento, cuando me senté delante de
nuestra gran consola de televisión a color, de inmediato recibí un
mensaje en mi corazón: "¡Un día, Samuel, predicarás frente a las
personas de la misma forma! ¡Delante de muchas personas!". No lo
dudé ni por un segundo, aunque no tenía idea en ese momento de
dónde había provenido. De hecho, de no haber sido inundado con
el mayor sentimiento de paz al respecto, me habría horrorizado.

Después de que terminó el sermón, me senté allí estupefacto y
comencé a cambiar los canales de nuevo. ¿Me había imaginado el
mensaje que escuché dentro de mi cabeza? ¡Probablemente solo
necesitaba irme a dormir! Sin embargo, me quedé viendo el canal
de televisión pública que transmitía un especial sobre la vida del
Dr. Martin Luther King Jr. Por supuesto, lo conocía como el líder
emblemático del movimiento de los derechos civiles que fue el
principal responsable en revocar la segregación en nuestro país.
Pero cuando este programa mostró un video del Dr. King predi-
cando, algo se agitó dentro de mí una vez más. "Tú harás eso
algún día —dijo esta voz—. Predicarás y guiarás a otras personas
y les dirás acerca del amor de Dios. ¡Vas a estar allí algún día!".

No sentí que tuviera que hacer algo de manera distinta, pero
supe en lo profundo que Dios me acababa de dar una vislumbre de
su futuro para mí. Al día siguiente y en las semanas que siguieron,
no podía sacudirme el sentimiento de que algo significativo había
sucedido esa noche mientras estaba sentado frente a la televisión en
nuestra sala familiar. Nadie en nuestra familia había estado alguna

vez en el ministerio a tiempo completo. Mis amorosos padres cristianos habían creado un hogar cálido y seguro para nosotros, pero tenía la certeza de que no tenían aspiraciones de que yo fuera algún tipo de pastor o ministro.

Pero después de graduarme mi vida comenzó a tomar una dirección distinta a la que cualquiera de nosotros esperaba. El tímido friki de la informática comenzó a ser transformado en un apasionado joven predicador en fuego por Dios y el poder del evangelio para cambiar la vida de las personas. Otros comenzaron a notarlo, y se me abrió una puerta tras otra para que liderara y hablara; en mi iglesia, en otras iglesias dentro de nuestra denominación y en congresos y eventos de la comunidad. Estas oportunidades se me abrieron con tanta facilidad y de manera inevitable que supe sin duda que Dios las había preparado de una forma divina. A medida que más y más personas y otros pastores me notaron y me extendieron invitaciones a predicar, me sentí como si supiera un secreto. Dios me había revelado su camino todos esos años antes, y ahora había comenzado a desvelar su gran plan para mi vida.

DE LA LEY AL AMOR

Compare mi experiencia con la de ese hombre junto al estanque de Betesda. Su milagro, según sus observaciones y entendimiento, residía en que las aguas se movieran allí en Betesda, con sus cinco pórticos cerca de la puerta de las ovejas en la esquina del atrio del templo en Jerusalén. Pero encontramos un problema con su perspectiva y las expectativas resultantes: su avance residía en un sistema establecido en el pasado.

Entonces vino Jesús. Él con toda facilidad podía haber dicho: "Voy a agitar el agua y te voy a llevar al estanque yo mismo". Pero no lo hizo. ¿Por qué? Porque Jesús no necesitaba permanecer en ese viejo sistema; lo cumplió y por medio de ello creó un nuevo sistema donde todos podemos experimentar a Dios y su poder sanador en nuestra vida.

Siendo un sistema que originalmente fue creado por Dios requería la intervención ocasional sobrenatural. Este método de interacción divina permitía que los seres humanos pecaminosos experimentaran una relación con el Santo, el Dios viviente, el Creador todopoderoso del cielo y de la Tierra. En términos generales hemos llegado a llamar esta manera de relacionarse con Dios "la Ley" porque depende de que la persona obedezca los mandamientos; mantenga hábitos estrictos de habla, pensamiento y comportamiento; y que ofrezca de manera consistente y regular sacrificios, con frecuencia un cordero u otro animal, para hacer expiación por los pecados propios. Vemos la Ley en vigor a lo largo del Antiguo Testamento cuando el pueblo de Israel batallaba para amar y servir a Dios con base en sus propios esfuerzos.

Entonces Dios envió a su único Hijo, Jesucristo, a la Tierra en forma de hombre para cambiar de manera radical la manera en que las personas se relacionaban con Dios. Cristo mismo se convirtió en el sistema que garantizaba una continua interacción sobrenatural. Perfecto y sin pecado, Jesús llevó todos los pecados del mundo y se convirtió en el Cordero de Dios sin mancha que fue ofrecido como un sacrificio eterno de expiación: "Él mismo es el sacrificio que pagó por nuestros pecados, y no solo los nuestros sino también los de todo el mundo" (1 Juan 2:2, NTV). Dios reemplazó su Ley con su amor.

Pero la gente no podía aceptar este cambio con facilidad.

Los judíos habían estado esperando cientos de años, a lo largo de muchas generaciones para que Dios enviara al Mesías, que les había prometido por medio de sus profetas. Mientras veían a su nación rendirse delante del ejército romano y convertirse en otra parte de su vasto imperio global, el pueblo de Israel se volvió más desesperado porque Dios los liberara; así como lo había hecho antes cuando habían sido esclavos en Egipto. Ellos esperaban que el Mesías levantara un ejército y estableciera un reino que restauraría a Israel a su forma previa.

¡Jesús puso de cabeza esas expectativas!

La gente esperaba un suceso.

Pero Jesús apareció y dijo: "¡Yo soy el suceso!".

¡Cuando Jesús aparece en nuestra vida, su presencia siempre es el suceso!

ENCUENTROS CERCANOS

Cuando uno experimenta un suceso de esa magnitud y se encuentra con Jesús, nada permanece igual. Algunas veces su relación con Él se desarrolla con lentitud y de manera gradual florece en más. Al ver mi vida en retrospectiva, puedo ver muchas pequeñas semillas que Dios plantó en mi vida para atraerme a Él y a mi propósito para su Reino.

No obstante, en otras ocasiones sé que a menudo se aparece inesperadamente y *¡bam!* nada permanece igual. Al igual que lo experimentó el hombre del estanque de Betesda ese día cuando se encontró con Jesús, todo cambió en un abrir y cerrar de ojos. Es bastante curioso que en esas situaciones podría de pronto ver el mundo a su alrededor de una manera bastante distinta de como lo veía unos segundos antes. ¡O, como en el caso del apóstol Pablo, podría no ver para nada!

Cuando consideramos lo que significa que Dios nos confronte en medio de nuestra situación justo en ese momento, no podemos encontrar un ejemplo más dramático que el enfrentamiento que tuvo Pablo, entonces conocido como Saulo, con el Cristo vivo en el camino a Damasco.

Saulo, respirando aún amenazas y muerte contra los discípulos del Señor, vino al sumo sacerdote, y le pidió cartas
para las sinagogas de Damasco, a fin de que si hallase
algunos hombres o mujeres de este Camino, los trajese
presos a Jerusalén. Mas yendo por el camino, aconteció
que al llegar cerca de Damasco, repentinamente le rodeó
un resplandor de luz del cielo; y cayendo en tierra, oyó
una voz que le decía: Saulo, Saulo, ¿por qué me persigues?

El dijo: ¿Quién eres, Señor? Y le dijo: Yo soy Jesús, a
quien tú persigues; dura cosa te es dar coces contra el
aguijón.

El, temblando y temeroso, dijo: Señor, ¿qué quieres que
yo haga? Y el Señor le dijo: Levántate y entra en la ciudad,
y se te dirá lo que debes hacer.

Y los hombres que iban con Saulo se pararon atónitos,
oyendo a la verdad la voz, mas sin ver a nadie.

Entonces Saulo se levantó de tierra, y abriendo los
ojos, no veía a nadie; así que, llevándole por la mano, le
metieron en Damasco, donde estuvo tres días sin ver, y no
comió ni bebió.

—Hechos 9:1-9

¡Hablando de un encuentro cercano del mejor tipo! ¡Hablando
de cambiar la dirección completa de su vida! Solo imagínese a
Darth Vader de viaje en búsqueda de guerreros jedi rebeldes
cuando de pronto suelta su sable de luz y es derribado al piso;
¡porque Saulo había sido ese tipo de persona! Solo los tipos malos
emiten amenazas asesinas como un dragón suelto y que escupe
fuego. En algunas maneras, cualquier criatura fantástica pali-
dece en comparación con Pablo porque él creía en hacer las cosas
precisamente por la letra de la ley.

Como puede ver, Pablo había sido criado en una casa judía
religiosa estricta y había sido enseñado a creer que nadie podía

ser justo sin adherirse de manera estricta a la Ley de Dios. Los judíos que tomaban esta Ley con seriedad y vivían de manera recta tenían favor con Dios, pero solo siempre y cuando obedecieran hasta el último detalle de la Ley. Esto incluía no solo seguir los Diez Mandamientos —como llamamos a los diez edictos que Dios le dio a Moisés para el pueblo de Israel—, sino también las estrictas leyes alimentarias, sociales y culturales registradas en Deuteronomio y Levítico. Saulo con toda seguridad había escuchado acerca de las afirmaciones de Jesús sobre que había cumplido con la Ley y que había liberado a toda la gente por la gracia de Dios.

Pero Saulo no lo aceptaba como cierto, ¡ni por un momento!

Así que, no solo salió a cazar seguidores de Jesús con su estilo de vida basado en la gracia conocido como el Camino, sino que Saulo también se aseguró de que sus prisioneros no tuvieran recurso legal o religioso después de haberlos capturado. Hizo que el sumo sacerdote de Jerusalén les escribiera cartas a los sacerdotes a cargo de otras sinagogas en ciudades cercanas en las que le autorizaba a Saulo arrestar a cualquiera de esos creyentes en sus comunidades.

Observe también que el texto especifica que podía tomar como prisioneros tanto a hombres como a mujeres. Lo usual era que solo los hombres fueran acusados, arrestados y llevados bajo custodia en esta cultura antigua que consideraba a las mujeres propiedad personal y no criminales públicos. Pero no en este caso. Cualquier mujer que participara en esa nueva secta en formación alrededor del carpintero de Nazaret sería capturada y considerada tan culpable como un hombre. Las intenciones de Saulo eran erradicar este sistema erróneo de creencias falsas y a sus adherentes antes de que creciera y avanzara.

Pero entonces tuvo un encuentro con Jesús.

Una luz brilló intensamente desde el cielo y Saulo cayó al piso. Entonces se escuchó retumbar una voz desde el cielo:

—¿Por qué haces esto? ¿Por qué me persigues?

Saulo, al igual que la mayoría de nosotros, preguntó por la identidad de su presunto agresor.

—¿Quién eres? —clamó.

—Yo soy Jesús, a quien tú persigues. Levántate, entra a la ciudad y descubrirás lo siguiente que tienes que hacer.

Aunque podríamos sentirnos tentados a pensar que Saulo no tenía otra opción, él, al igual que todos nosotros, tuvo que decidir cómo responder a un encuentro tan inesperado. Con toda facilidad se podría haber enojado y molestado, más determinado que nunca a buscar a los seguidores de Jesús que con toda seguridad serían los responsables de este ataque. Pero esa teoría no hubiera servido de nada porque el suceso dejó estupefactos a los hombres que viajaban con Saulo. Sabían que no habían entrado en ningún tipo de confrontación humana. No habían sido emboscados por bandidos o secuestrados por forasteros. ¡Habían experimentado un encuentro divino con el Dios viviente!

La calle que se llama Derecha

Cuando tenemos un encuentro con Jesús, otros quizá batallen para aceptar nuestra transformación. Es probable que sientan más familiaridad o incluso se sientan más cómodos con la persona que usted ha sido. Esto le sucedió con toda certeza a un peligroso cazarrecompensas como Saulo, quien era un reconocido perseguidor de creyentes. De hecho, Saulo-convertido-en-Pablo a menudo enfrentaría este problema con su reputación.

Más tarde, después de haber sido salvo por gracia y lleno del Espíritu Santo, Pablo con frecuencia explicó cómo era su vida antes de Cristo: "Yo de cierto soy judío, nacido en Tarso de Cilicia, pero criado en esta ciudad, instruido a los pies de Gamaliel, estrictamente conforme a la ley de nuestros padres, celoso de Dios, como hoy lo sois todos vosotros. Perseguía yo este Camino hasta la muerte, prendiendo y entregando en cárceles a hombres y mujeres; como el sumo sacerdote también me es testigo, y todos los ancianos..." (Hechos 22:3-5). Pablo incluso admitió que no solo había ido de sinagoga en sinagoga para golpear y aprisionar a los seguidores de Jesús, sino que de manera tácita había dado su aprobación mientras una turba furiosa martirizó a Esteban por su fe cristiana, al decidir guardar las ropas de los que apedrearon al inocente predicador del evangelio (v. 20).

No es de sorprender que otros creyentes lucharan para aceptar el encuentro de Saulo como auténtico. Un seguidor del Camino llamado Ananías se resistió a la indicación del Señor para ir y atender a Saulo, pero entonces Dios le aclaró de manera explícita que tenía grandes planes para este hombre quien alguna vez había perseguido a los creyentes. Como vemos, Saulo de hecho nunca fue de nuevo el mismo después de su encuentro en el camino.

> Había entonces en Damasco un discípulo llamado Ananías, a quien el Señor dijo en visión: Ananías. Y él respondió: Heme aquí, Señor.
>
> Y el Señor le dijo: Levántate, y ve a la calle que se llama Derecha, y busca en casa de Judas a uno llamado Saulo, de Tarso; porque he aquí, él ora, y ha visto en visión a un varón llamado Ananías, que entra y le pone las manos encima para que recobre la vista.
>
> Entonces Ananías respondió: Señor, he oído de muchos acerca de este hombre, cuántos males ha hecho a tus santos en Jerusalén; y aun aquí tiene autoridad de los principales sacerdotes para prender a todos los que invocan tu nombre.

El Señor le dijo: Ve, porque instrumento escogido me
es éste, para llevar mi nombre en presencia de los gentiles,
y de reyes, y de los hijos de Israel; porque yo le mostraré
cuánto le es necesario padecer por mi nombre.

Fue entonces Ananías y entró en la casa, y poniendo
sobre él las manos, dijo: Hermano Saulo, el Señor Jesús,
que se te apareció en el camino por donde venías, me ha
enviado para que recibas la vista y seas lleno del Espíritu
Santo.

Y al momento le cayeron de los ojos como escamas, y
recibió al instante la vista; y levantándose, fue bautizado.

Y habiendo tomado alimento, recobró fuerzas. Y estuvo
Saulo por algunos días con los discípulos que estaban en
Damasco.

—Hechos 9:10-19

Cuando caminamos aturdidos por nuestra calle que se llama
Derecha, con frecuencia tenemos que enfrentar viejos hábitos y
patrones de vida. Algunas veces quizá tengamos que entregar
nuestras adicciones y nuestro comportamiento pecaminoso a los
pies de la cruz a diario o incluso a cada hora. Algunas veces Dios
los remueve de nuestra vida como las escamas que cayeron de los
ojos de Saulo. De pronto, nosotros también vemos con claridad
que nuestra vida anterior terminó y sentimos que Dios nos llama
a algo nuevo. Otros quizá batallen con aceptar nuestra nueva
vida, pero si conocen la fuente de nuestra transformación —la
gracia de Dios por medio del poder de Jesucristo y la presencia
residente de su Espíritu Santo—, entonces saben cuán inmediata
puede ser la obra de Dios.

Algunas veces después de que Dios lo confronte en su presente,
quizá batalle para levantarse de nuevo. Encuentro significativo
que Saulo requirió ayuda de los demás para que su sanidad fuera
completa. Primero, tuvo que ser guiado a la ciudad porque no

podía ver, y luego requirió la ayuda de Ananías. Ananías llamó a Saulo "hermano", le impuso manos y oró por él y en ese momento se le cayeron las escamas y el Espíritu de Dios llenó su corazón.

> **Quien haya solido ser, lo que haya hecho, donde haya estado; esas cosas ya no importan cuando tiene un encuentro con Jesús.**

¡El impacto sucedió de inmediato! Saulo se levantó y ¿qué hizo? Incluso antes de comer algo, ¡se bautizó! El hombre no había comido por lo menos durante tres días, y, no obstante, una vez que tuvo un encuentro con Jesús, Saulo tenía más hambre por Dios que por los alimentos. Después de su conversión, Saulo se convirtió en una nueva criatura en Cristo conocida como Pablo.

Quien haya solido ser, lo que haya hecho, donde haya estado; esas cosas ya no importan cuando tiene un encuentro con Jesús. Hace borrón y cuenta nueva. Sana su parálisis. Rompe sus maldiciones generacionales. Le da el poder de hacer lo que no podría hacer antes. ¡Le da una nueva vida por medio del poder de su Espíritu en usted!

TORMENTAS, NAUFRAGIOS Y SERPIENTES

Saulo cumplió con el llamado de Dios sobre su vida con éxito. Cuando Dios le dijo a Ananías: "... instrumento escogido me es éste, para llevar mi nombre en presencia de los gentiles, y de reyes, y de los hijos de Israel", ¡hablaba en serio!

Y habiendo tomado alimento, recobró fuerzas. Y estuvo Saulo por algunos días con los discípulos que estaban en Damasco.

En seguida predicaba a Cristo en las sinagogas, diciendo que éste era el Hijo de Dios. Y todos los que le oían estaban atónitos, y decían: ¿No es éste el que asolaba en Jerusalén a los que invocaban este nombre, y a eso vino acá, para llevarlos presos ante los principales sacerdotes?

Pero Saulo mucho más se esforzaba, y confundía a los judíos que moraban en Damasco, demostrando que Jesús era el Cristo.

Pasados muchos días, los judíos resolvieron en consejo matarle; pero sus asechanzas llegaron a conocimiento de Saulo. Y ellos guardaban las puertas de día y de noche para matarle.

Entonces los discípulos, tomándole de noche, le bajaron por el muro, descolgándole en una canasta. Cuando llegó a Jerusalén, trataba de juntarse con los discípulos; pero todos le tenían miedo, no creyendo que fuese discípulo.

Entonces Bernabé, tomándole, lo trajo a los apóstoles, y les contó cómo Saulo había visto en el camino al Señor, el cual le había hablado, y cómo en Damasco había hablado valerosamente en el nombre de Jesús. Y estaba con ellos en Jerusalén; y entraba y salía.

—Hechos 9:19-28

Observe que después de su encuentro personal con Jesús, Saulo comenzó a hacer aquello a lo que una vez se había opuesto de manera violenta: compartir las buenas noticias de la gracia por medio de Jesucristo. No solo se bautizó de inmediato, sino que Saulo también comenzó a predicar poco después de su conversión. Cuando Dios lo confronte en su presente, de pronto comenzará a salir de su zona de comodidad y a entrar en su zona de gracia.

Tomará riesgos que nunca hubiera tomado. Logrará cosas que nunca hubiera considerado intentar. Ya no se preocupará de lo que los demás piensen de usted ni de lo que hace.

Yo aprendí esto de primera mano, estimado lector. Ese fanático de Star Trek, tímido, reservado, amante de la tecnología quien tenía planeada una vida como ingeniero informático se convirtió en este predicador, maestro y líder encendido, apasionado, que alaba a Dios y es guiado por el Espíritu. Si no hubiera respondido a mis encuentros con Dios, me hubiera perdido muchas bendiciones. No siempre ha sido fácil, pero no cambiaría la aventura de fe en la que Dios aún me guía por nada en este mundo.

Como descubrió Saulo, vivir nuestra fe nunca se ha tratado de tomar el camino fácil. De inmediato, Saulo comenzó a sufrir por la manera dramática en que predicaba y evangelizaba. ¡Y de seguro era un poderoso megáfono para Dios porque algunos de los judíos lo querían muerto! No puedo evitar preguntarme si algunos de los antiguos colegas y colaboradores de Saulo se pusieron en su contra, furiosos por haber perdido a su principal lugarteniente en la búsqueda y persecución de los creyentes. ¡Con toda seguridad consideraban a Saulo un traidor!

No obstante, la nueva familia en Cristo de Saulo, con toda claridad cuidaba sus espaldas. Al saber que estos judíos monitoreaban las puertas de la ciudad de día y de noche, un grupo de cristianos escondieron a su nuevo hermano Saulo en una cesta y lo bajaron como una fanega de trigo al otro lado. Es verdad que algunos creyentes todavía le temían y se preguntaban si la conducta de Saulo no era algún tipo de treta, pero otros como Bernabé, confiaban en la dirección de Dios para aceptar y ayudar a Saulo.

A partir de ese momento Saulo comenzó a viajar, primero con Bernabé y luego más tarde con Timoteo y otros creyentes para enseñar y predicarle a los gentiles de tierras lejanas. En alguna parte del camino, Saulo comenzó a usar la versión griega de su nombre, Pablo, que es como es mejor conocido. Sospecho que el cambio no solo lo ayudó a escapar de su mala reputación como cazarrecompensas, sino que reflejaba la nueva identidad que encontró en Cristo. Pablo continuó y soportó golpizas, arrestos, naufragios y mordeduras de serpientes. De hecho, escribí todo un libro acerca del increíble viaje de Pablo de Jerusalén a Roma: *Shake Free: How to Deal With the Storms, Shipwrecks, and Snakes in Your Life* [Sacúdalas en el fuego: Cómo tratar con las tormentas, naufragios y serpientes en su vida].[1]

Al realizar sus muchos viajes, Pablo con frecuencia escribió cartas, o epístolas como eran llamadas, a las comunidades de creyentes en los puertos distantes que había visitado. Muchas de estas cartas que fueron inspiradas de manera divina por el Espíritu Santo se volvieron parte del Nuevo Testamento de la Biblia. Sus palabras nos continúan hablando como la Palabra de Dios hoy, y su ejemplo nos recuerda que cuando Dios confronta nuestro presente, necesitamos rendirnos a su amor.

Pablo sirvió de manera fiel al Señor y proclamó el mensaje del evangelio por el resto de su vida. Sin embargo, nunca olvidó que la gracia de Dios y solo su gracia era la fuente de su identidad, su autoridad y su realidad. En una carta a la iglesia en Corinto, Pablo escribió: "Porque yo soy el más pequeño de los apóstoles, que no soy digno de ser llamado apóstol, porque perseguí a la iglesia de Dios. Pero por la gracia de Dios soy lo que soy; y su gracia no ha sido en vano para conmigo, antes he trabajado más que todos ellos; pero no yo, sino la gracia de Dios conmigo" (1 Corintios 15:9-10).

Dios trabaja en usted

Un encuentro auténtico con la gracia de Dios continúa cambiando a las personas hoy. Al igual que lo vimos con el hombre de Betesda y la conversión de Saulo, la presencia y el poder de Jesús lo cambian todo. Cuando Cristo confronta su presente, le comunica un nuevo mensaje acerca de su identidad y propósito. Creo que Jesús dice:

> No estoy aquí para cambiar las cosas a tu alrededor; estoy aquí para cambiar las cosas ¡*dentro* de ti!

> No estoy aquí solo para cambiar tus circunstancias; ¡estoy aquí para *cambiarte* en medio de tus circunstancias!

> No he venido a agitar el agua delante de ti; ¡he venido a agitar la *fe dentro* de ti!

Pero con demasiada frecuencia continuamos con la ponderación de nuestra parálisis y quedamos postrados junto a las aguas. Como puede ver, la parálisis no solo le sucede a su cuerpo. Cuando se rehúsa a experimentar la plenitud del Espíritu de Dios por medio de la presencia de Jesús en usted, la parálisis ataca su intelecto. Su fe se congela. Usted queda discapacitado en su fuerza, esperanza y poder.

No obstante, Dios no lo confronta en este momento y ahora con respecto a su propio poder; ¡sino con respecto a su poder divino! Podemos quedar tan enfrascados en nosotros mismos y en nuestros problemas. En el amor de un hermano cristiano por sus hermanas y hermanos de la familia de Cristo, déjeme decirle algo: ¡sobrepóngase a usted mismo! Sé que eso podría sonar áspero, pero tan severo como sonó, ¡podría ser mucho peor perderse de lo que Dios tiene para usted! No permita que el diablo lo haga mantener sus ojos solamente sobre su parálisis y en lo que no puede hacer. No compre sus mentiras de que no es lo suficientemente bueno o fuerte o poderoso.

No depende de usted; si así fuera, ¡permanecería paralizado!

> **En el amor de un hermano cristiano por sus hermanas y hermanos de la familia de Cristo, déjeme decirle algo: ¡sobrepóngase a usted mismo!**

La Palabra nos promete que: "Dios es el que en vosotros produce así el querer como el hacer, por su buena voluntad" (Filipenses 2:13). ¡Deje de arrastrarse sobre su vientre cuando puede levantarse sobre sus pies y dar un paso de fe! ¡Deje de marchitarse en el piso cuando puede levantar su cabeza en alto y sus manos hacia el cielo, y alabar a Dios por todo lo que ha hecho y continúa haciendo por usted!

No vea su habilidad; ponga su vista en la unción de Dios.

No dependa de su potencial; dependa del poder de Dios.

No se enfoque en quién es usted en Él; enfóquese en quién es Él en usted.

Deje de preguntar lo que puede hacer por medio de Él; pregúntese que puede hacer Él a través de usted.

¡Estimado lector, no somos bendecidos por *dónde* estamos; somos bendecidos por *a quién* le pertenecemos! Dios quiere trabajar en su vida, levantarlo y sanarlo.

¿Se lo permitirá? ¿Obedecerá y se levantará? ¿Dejará ir el piso y se tomará de la mano de su Salvador? Si quiere experimentar la transformación sanadora que viene cuando abraza la presencia de

Dios en usted, ¡entonces dígaselo! Ore a Dios en este momento y déjele saber que se siente listo para caminar. Que ya se cansó de esperar y cuestionarse, velar y preocuparse. Ya no esperará que alguien más lo levante y lo lleve a las aguas. A partir de hoy usted se rehúsa a vivir bajo los antiguos sistemas que lo mantuvieron paralizado.

En lugar de ello beberá del agua viva de Jesús.

Deje ir lo que antes fue.

¡Prepárese para su turno, aquí y ahora en el presente!

¡Usted es el próximo!

Capítulo cinco

USTED ES EL PRÓXIMO... ¡A MEDIDA QUE DIOS LO LIBERA DE SU PASADO!

Dios no está interesado en renovar su pasado. Se mantiene comprometido con soltar su futuro.

S AMUEL. SAMMY. PASTOR Sam. Samayam. Sambo. Pichi. Rico.

A lo largo de mi vida, me han llamado diferentes nombres; variaciones de mi nombre de pila, nombres de cariño otorgados por amigos y familiares e incluso como resultado de una mala pronunciación, mal entendimiento o un contratiempo.

Mis amigos en la escuela media-superior me solían llamar Sammy o Rico (por un personaje de la serie de televisión *Miami Vice* en la década de 1980). Mi madre y mi padre siempre preferían usar mi apodo, Pichi, en especial cuando querían subrayar la seriedad de lo que me querían comunicar. "Pichi, ¿ya terminaste tus deberes escolares?", me preguntaba mi mamá. O siempre que mi papá me decía: "Pichi, necesitamos hablar", sabía que había hecho algo malo.

Como adulto, he dejado la mayoría de los apodos ridículos atrás. Mi esposa y mis amigos cercanos me suelen llamar Sam, aunque buena parte del tiempo soy llamado pastor Sam debido a mi vocación. Por supuesto, cuando alguien me llama o me envía un correo electrónico y se dirigen a mí como Sr. Rodríguez, casi siempre estoy en lo correcto al identificarlos como personas que no me conocen.

Además de los derivados de mi nombre, también he sido llamado cosas mucho peores; críticas e insultos que no tienen nada que ver con mi identidad, sino con las percepciones tendenciosas y los prejuicios personales de los demás. Algunas personas incluso hoy tratan de arrastrarme al pasado por medio de utilizar ciertos nombres para amedrentar, intimidar y desacreditar quien soy y lo que represento. Pero mi nombre, Samuel, significa "Dios ha escuchado", así que me aferro a mi identidad en Cristo al saber que no estoy atado a como me llame alguien más.

Le ofrezco esta misma verdad, estimado lector.

Atorado en el pasado

Sin importar cuál sea su nombre o lo que haya hecho, dónde viva o el tipo de parálisis que quizá haya vencido en su vida, otras personas tratarán de atarlo a sus errores pasados, a identificarlo por sus faltas y etiquetarlo con base en su comprensión limitada de su verdadero ser. Incluso es probable que lo convenzan de manera temporal de que nunca puede escapar de su pasado y comenzar de nuevo en la libertad del presente. Incluso cuando lo ven andando frente a ellos, y es obvio que ya no está paralizado por su pasado, existe la posibilidad de que todavía lo traten como un inválido, una víctima y no como un vencedor.

Alguno quizá lo etiquete con nombres que reflejen quién fue usted anteriormente en lugar de la persona a quien Dios ha redimido. Otros quizá piensen que usted es un mentiroso, un tramposo, un chismoso, un adúltero, un adicto o un ladrón. Incluso cuando tratan de hacer que los nombres y las etiquetas sean más aceptables como adicto al trabajo o perfeccionista, estos motes permanecen atados a su pasado y no a su futuro, y como consecuencia lo mantienen paralizado en el presente.

Mientras que la sociedad, los amigos o los extraños quizá lo identifiquen por su pasado, Dios lo ve en la plenitud de su nueva relación con Él a través de su Hijo, Jesucristo. Incluso cuando usted se etiquete a sí mismo con base en sus sentimientos, hábitos y comportamientos del pasado, esas etiquetas no pueden inhibir su habilidad de caminar por fe. Cuando Dios lo mira, ve más allá de cualquier nombre, etiqueta, problema o lucha de su pasado.

De hecho, ha prometido darle un nuevo nombre, un nombre secreto conocido solo por usted y Dios, un nombre que reflejará su libertad en Cristo. La Biblia dice: "El que tiene oído, oiga lo que el Espíritu dice a las iglesias. Al que venciere, daré a comer del maná escondido, y le daré una piedrecita blanca, y en la piedrecita escrito un nombre nuevo, el cual ninguno conoce sino aquel que lo recibe" (Apocalipsis 2:17).

Mientras que los eruditos bíblicos debaten el significado exacto de esta promesa, la mayoría al parecer están de acuerdo en el simbolismo de la piedrecita blanca. Parece ser que en tiempos antiguos cuando traían a alguien a juicio, el jurado daba su veredicto en la forma de una piedra negra para culpable y una piedra blanca para inocente. Al darle Dios un nombre nuevo escrito en una piedrecita blanca refleja la manera en que sus pecados han sido perdonados. El sacrificio de Cristo en la cruz borra su culpa y lo libera de la pena de muerte. Usted ahora puede vivir una vida terrenal de bendición y abundancia y esperar la vida eterna con Dios en el cielo. Cuando Dios lo mira, ve más allá de sus problemas del pasado y sus luchas presentes y se enfoca en su futuro propulsado por la fe.

Sin embargo, lo triste es que las personas parecen incapaces de dejar ir las etiquetas que otros les han adherido. Es probable que algunos no las dejen ir porque se sienten cómodos con sus etiquetas. A pesar de que saben que no son así, prefieren aceptar el papel que otros les han escrito que salirse del libreto y ser el individuo único que Dios creó. Algunos viven en los errores del pasado mientras que otros se aferran a logros del ayer y viven en los días de gloria de su juventud como la estrella deportiva, la animadora hermosa, el que tiene logros académicos o el más popular.

Cuando regresé a Pensilvania y me topé con algunos excompañeros de clase, siempre me sorprende que algunos de ellos nunca han viajado fuera del estado. Algunos seguían tratando de ser la persona que solían ser: el payaso de la clase, el genio, la reina de belleza o el chico malo o la chica mala. En lugar de madurar y crecer más allá de la adolescencia, algunos individuos parecían atorados en ella, y se esforzaban duro por parecer los mismos, sonar y ser iguales.

Pero aferrarse al pasado inhibe la verdadera madurez. Detiene su progreso y evita el crecimiento. Así como un adulto que trata de llevar la ropa de un chico, eso ya no le sienta bien a quien usted se ha convertido.

No digo que tenga que dejar su ciudad natal y liberarse del pasado, sino que a veces verse en nuevos ambientes y dar un paso fuera de los roles y etiquetas que otros usan para limitarlo pueden obrar maravillas. Y sí, puede ser increíblemente tentador quedarse en un solo lugar y pensar: "Estoy BIEN aquí. Siempre he conocido esto, así que por lo menos se siente familiar. Conozco a todos y ellos me conocen. Estoy demasiado asustado como para dejar todo lo que sé para comenzar de nuevo, conocer personas nuevas o cambiar de carrera laboral. Quizá haya más para mí si me atreviera a seguir a Dios a donde quiere llevarme. Pero podría ser que no. No, mejor me quedaré donde estoy".

> **Aferrarse al pasado inhibe la verdadera madurez. Detiene su progreso y evita el crecimiento.**

Algunas personas saben que no quieren seguir en el pasado, pero se sienten atorados. Al parecer no están seguros de cómo liberarse, y se preguntan si incluso podrán alguna vez dejar atrás su pasado. Se preocupan por no encontrar su lugar si siguen adelante, por no tener ninguna etiqueta o por perder lo que ya tienen. Sienten que Dios los llama a seguirlo a un nuevo futuro, pero cada vez que su fe es desafiada, permiten que sus temores los regresen al pasado como algún tipo de banda elástica.

Si se encuentra en este grupo, significa que batalla con confiar en que Dios va con usted, su Espíritu Santo vive en usted y que Él le abrirá el camino. Jesús nunca le habría dicho al hombre junto al estanque de Betesda levántate y anda si no tuviera el poder sobrenatural de hacerlo suceder de manera instantánea. Pero tiene que confiar, y decidir que por lo menos tratará de ponerse de pie y levantarse, aunque no pueda sentir sus piernas y tema caer de nuevo al suelo.

Jesús no lo cargó. Cristo no lo tomó de la mano ni lo guio suavemente hasta que volviera la sensación a sus piernas paralizadas. El Señor no le dio a este hombre un bastón ni le dijo que tomaría meses de terapia física.

¡No, Jesús le dijo: "Toma tu lecho y anda"!

Pero Dios no puede librarnos de nuestro pasado si no nos levantamos.

¿Quiere ser sano?

Entonces debe estar dispuesto a dejar el pasado atrás.

No es cosa de risa

Cuando nos rehusamos a dejar ir nuestro pasado, sellamos nuestra propia destrucción. Jesús quiere sanarnos, pero en lugar de ello mantenemos los ojos en el piso y seguimos recostados en lugar de levantarnos y andar hacia el nuevo futuro que tiene para nosotros. Es probable que encontremos la mejor ilustración de esta trágica decisión en el Antiguo Testamento cuando Dios decidió destruir dos ciudades, Sodoma y Gomorra, donde el mal corría desenfrenado. Estos dos imperios de inmoralidad se habían convertido en fosos de arenas movedizas de codicia, inmundicia, perversidad y todo tipo de pecado imaginable.

Cuando nos rehusamos a dejar ir nuestro pasado, sellamos nuestra propia destrucción.

Por fin, Dios tuvo suficiente. Pero antes de destruir estas ciudades gemelas del terror, el Señor reconoció a las pocas personas fieles que ahí vivían, a saber, a Lot y a su familia, y envió ángeles para advertirles. Dios solo les dio una condición sencilla para evitar ser consumidos por la ardiente destrucción inminente, y una mujer decidió ignorar esta condición.

> Entonces salió Lot y habló a sus yernos, los que habían de tomar sus hijas, y les dijo: Levantaos, salid de este lugar; porque Jehová va a destruir esta ciudad. Mas pareció a sus yernos como que se burlaba. Y al rayar el alba, los ángeles daban prisa a Lot, diciendo: Levántate, toma tu mujer, y tus dos hijas que se hallan aquí, para que no perezcas en el castigo de la ciudad.
>
> Y deteniéndose él, los varones asieron de su mano, y de la mano de su mujer y de las manos de sus dos hijas, según la misericordia de Jehová para con él; y lo sacaron y lo pusieron fuera de la ciudad. Y cuando los hubieron llevado fuera, dijeron: Escapa por tu vida; no mires tras ti, ni pares en toda esta llanura; escapa al monte, no sea que perezcas.
>
> … Entonces Jehová hizo llover sobre Sodoma y sobre Gomorra azufre y fuego de parte de Jehová desde los cielos; y destruyó las ciudades, y toda aquella llanura, con todos los moradores de aquellas ciudades, y el fruto de la tierra.

Entonces la mujer de Lot miró atrás, a espaldas de él, y se volvió estatua de sal.

—GÉNESIS 19:14-17, 24-26

No conocemos el nombre de esta mujer; la Biblia simplemente la identifica como la mujer de Lot, el sobrino de Abraham. Quizá no sepamos su nombre porque no pudo dejar ir su pasado y, por lo tanto, nunca descubrió su identidad dentro del futuro que Dios quería darle. Incluso antes de que ella apareciera en esta escena, me parece impactante que los yernos de Lot no solo se rehusaron a escuchar su advertencia —una advertencia directa de los ángeles de Dios—, sino que pensaron que Lot se burlaba. Algunas personas se rehúsan a escuchar los mensajes de Dios o a aceptar sus invitaciones.

¿Se puede imaginar que el hombre de Betesda se hubiera reído cuando Jesús le dijo que se levantara y anduviera? ¿Qué hubiera pasado si le hubiera dicho al Señor: "¡Te estás burlando! ¿Qué no sabes que soy paralítico?".

Aunque no nos reímos de Dios ni suponemos que se burla de nosotros, en ocasiones permitimos que nuestras dudas e incredulidades tengan el mismo impacto. Como no podemos tener una comprensión racional y lógica del milagro que Dios quiere hacer por nosotros, hacemos a un lado la oportunidad y permanecemos con la vista fija en el pasado. Suponemos que el pasado nos brinda probabilidades y expectativas conocidas, una comprensión de lo que podemos esperar que venga. Pero Dios quiere liberarnos del pasado por medio de invitarnos de continuo a levantarnos y andar hacia su glorioso futuro.

Cuando Dios quiere liberarlo de su pasado, no lo considere cosa de risa.

No hay vuelta atrás

Otro detalle destacado de esta historia emerge en la repetida expresión de la misericordia y la compasión de Dios. Sus ángeles no solo dieron su mensaje y se regresaron al cielo. No, sino que se quedaron para hacer todo lo que pudieran para asegurarse de que esta familia escapara de la destrucción ardiente que caía a su alrededor. Antes del pasaje anterior, dos ángeles visitaron a Lot en casa y le dieron su primera advertencia (Génesis 19:12-13).

De hecho, los hombres de Sodoma —y la Escritura dice que *todos* los hombres, tanto jóvenes como viejos— eran tan depravados que rodearon la casa de Lot y exigieron tener sexo con sus dos huéspedes (vv. 4-5). Horrorizado, Lot les rogó a sus vecinos y a los residentes de la ciudad que no violaran la seguridad y la hospitalidad que sus huéspedes merecían. Lot incluso fue tan lejos como para ofrecer a sus dos hijas vírgenes para satisfacer los apetitos de la multitud. Cuando el gentío furioso amenazó a Lot los ángeles lo metieron a la casa y cegaron a todos los hombres afuera para que no pudieran abrirse camino a la casa.

Yo no sé usted, pero si me encontrara en una situación así, tomaría la advertencia de Dios muy en serio. ¡No perdería tiempo en salir de allí lo más rápido posible! Pero Lot se tomó el tiempo de advertirle a sus otros familiares, a lo cual los ángeles con toda generosidad lo instaron antes del amanecer. Pero cuando los primeros rayos del sol cortaron por el horizonte esa mañana, los ángeles le insistieron a Lot, su esposa y sus dos hijas que huyeran sin demora.

Es bastante curioso que su advertencia no haya sido captada por Lot, ya que el versículo 16 dice que cuando Lot se detuvo, los ángeles asieron de su mano y de sus familiares y los sacaron y los pusieron fuera de la ciudad. Quizá la incertidumbre de a dónde irían o cómo podrían llegar allá los paralizó. A pesar de todo lo que habían visto y experimentado, quizá de algún modo todavía se resistían a dejar su hogar, el lugar donde moraban. Tan malo como era, es probable que prefirieran la seguridad del pasado sobre la fe requerida para encontrar su futuro.

Antes de juzgarlos o preguntarnos cómo pudieron pensar así, quizá debamos considerar nuestros propios momentos en los que nos hemos detenido. Escuché un viejo dicho que decía: "Mejor malo por conocido que bueno por conocer". En otras palabras, algunas veces las terribles condiciones que uno ya enfrenta parecen ser más manejables que los temores desconocidos y las ansiosas angustias al acecho más adelante.

Por esta razón muchas personas en relaciones abusivas siguen soportando el abuso en lugar de arriesgarse a enfrentar solas la vida. Otras personas atrapadas en adicciones continúan sufriendo las consecuencias de su deterioro físico en lugar de arriesgarse a obtener ayuda y enfrentar las dolorosas raíces de su adicción. Incluso otros se quedan en trabajos sin salida y en vecindarios terribles. Nos aferramos al pasado porque el temor al futuro nos abruma.

No obstante, Dios de manera consistente nos busca. Se rehúsa a dejarnos dentro de las prisiones de nuestro pasado cuando Jesús ha roto los barrotes y ha liberado a todos los prisioneros. De la misma manera que los ángeles tomaron a Lot y a su familia de la mano, Dios nos extiende la mano incluso hoy. Quiere que dejemos el pasado atrás y lo sigamos más allá del caos de los errores, las luchas y el dolor. El ascenso no será fácil, pero Él irá con nosotros. Jesús nos da el poder y la fuerza necesarios para caminar por fe y dejar atrás el trauma anterior.

Solo tenemos que hacer nuestra parte. Así como los ángeles instruyeron a Lot y a su familia, Dios solo pide una cosa sencilla: ¡no vea para atrás! No se quede atorado en el pasado. No volteé sus ojos a donde estaba porque cuando lo hace no puede ver a dónde lo quiere llevar Dios.

No puede devolverse una vez que Dios ha transformado su vida.

¿Ha tratado alguna vez de conducir un coche hacia adelante por medio de mirar solamente el espejo retrovisor de la pantalla que aparece cuando echa marcha atrás? Aunque quizá no sea imposible, hay dos cosas que suceden como resultado. Primero, no puede ir a la velocidad normal, lo cual genera un retraso considerable. Segundo, chocará. Si no ve el camino frente a usted mientras conduce, tarde o temprano golpeará a otro vehículo, peatón, poste telefónico, barrera de concreto o incluso un edificio.

Vivir su vida en el pasado equivale a lo mismo. Alguien dijo una vez que la definición de *locura* es cometer el mismo error una y otra vez mientras esperamos un resultado distinto. Cuando vive en el pasado se queda atorado en una zanja, como un viejo tocadiscos con una aguja atorada que da vueltas y vueltas en el vinilo rayado.

Estimado lector, ¡usted no tiene que vivir así!

Jesús vino a sanar su parálisis del pasado.

Pero tiene que levantarse.

Necesita tomarse de la mano de Dios…

… antes de que el pasado lo destruya.

Entre más tiempo se demore

Los teólogos, eruditos, arqueólogos y los lectores de la Biblia han debatido por siglos la razón por la que la esposa de Lot miró hacia atrás. No obstante, nadie lo sabe en realidad porque antes de que alguien se lo pudiera preguntar quedó convertida en una estatua de sal.

Creo que simplemente no podía dejar ir su pasado. Sodoma

contenía su casa y todo lo que conocía. Tan terrible, malvada y depravada como encontramos la ciudad, ella no tenía que preocuparse por ser sorprendida por rostros poco familiares y sucesos inesperados. Así que en violación directa del mandamiento de Dios de no ver hacia atrás, la mujer de Lot volteó y perdió su humanidad. Como resultado, en lugar de conocerla por nombre, conocemos su historia como un relato precautorio tan importante que Jesús mismo hizo referencia a él.

> Asimismo como sucedió en los días de Lot; comían, bebían, compraban, vendían, plantaban, edificaban; mas el día en que Lot salió de Sodoma, llovió del cielo fuego y azufre, y los destruyó a todos.
> Así será el día en que el Hijo del Hombre se manifieste.
> —LUCAS 17:28-33

La esposa de Lot se convirtió en una estatua de su pasado en lugar de encontrar la fortaleza del futuro de Dios. Jesús nos dijo que no tenemos tiempo de regresar a tomar cosas frente a un inminente encuentro divino con el Dios viviente. A semejanza de volver dentro de una casa en llamas para recuperar ropa, muebles o joyas, arriesga su vida al retroceder en reversa. ¡Si volara en un avión que hiciera un aterrizaje de emergencia en el agua, no estaría preocupado por su equipaje de mano, su cartera o su computadora portátil! Estaría enfocado en preservar su vida frente a un peligro tan inmediato.

No obstante, todos tenemos momentos cuando, como Lot y su familia, nos detenemos cuando sabemos que Dios nos llama a dejar atrás el pasado. ¿Qué persona o cosa en su vida lo tientan a detenerse en medio de la invitación de Dios a avanzar? Quizá sea su inseguridad lo que haya evitado que solicite ese empleo que usted sabe que Dios quiere que tenga. Quizá sea su falta de disposición para comenzar una familia con su cónyuge incluso si sabe que el Señor le ha revelado que ha llegado el tiempo. Quizá haya escuchado el llamado de Dios a comenzar un nuevo ministerio o a trabajar como voluntario en su comunidad, pero sigue manteniéndose "demasiado ocupado". Es probable que necesite confrontar una adicción en su propia vida o en la de un ser querido, pero sus fracasos pasados le impiden su iniciativa.

Puede ser difícil sacudirse el pasado cuando titubea.

Entre más se demore, más difícil se vuelve.

Entre más se retrase, más arriesga su futuro.

La mujer de Lot nos recuerda que sigamos la dirección de Dios para nuestro futuro en lugar de mirar por encima de nuestro hombro a nuestro pasado. Dios nos dirige a enfocar nuestros ojos en Él, con la confianza de que guiará nuestros pasos a medida que escalamos la montaña que se levanta sobre el valle de nuestra vieja identidad como víctimas. La mujer de Lot no podía dejar de aferrarse a dónde había estado, lo cual dio como resultado su completa devastación.

> **Dios no quiere borrar su pasado, pero sí quiere transformarlo.**

Me recuerda a la manera en que reciclo cajas para enviarles paquetes a nuestros hijos. Tomo una caja vacía del garaje, empaco lo que sea que hayamos pensado enviar y la sello. Pero entonces viene la parte más importante: ¡le tengo que cambiar la dirección a la caja vieja, de otro modo irá a su destino anterior, y no a donde quiero que vaya ahora!

Usted ha sido liberado de su pasado por el poder de la sangre de Jesucristo.

Ha sido redirigido a su nuevo destino eterno.

Ha sido redimido por el cumplimiento del gozo puesto delante de usted.

Dios no quiere borrar su pasado, pero sí quiere transformarlo. "He aquí que yo hago cosa nueva; pronto saldrá a luz; ¿no la conoceréis? Otra vez abriré camino en el desierto, y ríos en la soledad" (Isaías 43:19). Estimado lector, necesita ver su pasado como un lugar yermo y desolado de cenizas y bloques de sal, pero si le permite a Dios sanar su parálisis, ¡el desierto puede comenzar a retoñar y florecer con bendición!

ASCENDER LA MONTAÑA

Cuando visité Israel, escuché acerca de una formación de sal de siglos de antigüedad cerca del mar Muerto en el Monte Sodoma. Aunque nadie sabe si esta formación natural comenzó como la mujer de Lot, con toda certeza sirve como recordatorio de su fin. Encuentro increíblemente triste saber que en lugar de que haya un santuario que conmemore su obediencia y fidelidad, solo permanece una seca y polvorienta formación de roca de cloruro de sodio. En lugar de ascender el monte, la esposa de Lot se convirtió en un monumento al impulso perdido.

Considere lo diferente que podría haber terminado su historia. Por ejemplo, vemos un tipo de resistencia obstinada a la dirección de Dios similar en el caso de Jonás. Instruido por Dios para ir a la ciudad de Nínive y advertir a sus residentes de su destrucción inminente a menos que se arrepintieran, Jonás huyó. Trató de ir en la dirección opuesta y escapar del lugar donde Dios lo necesitaba para servir; ¡y como consecuencia terminó en el vientre de un pez! Pero Jonás por fin se arrepintió y le permitió a Dios que lo usara para ir a Nínive y hacer lo que Dios necesitaba. Jonás rindió sus ataduras al pasado con el fin de cumplir con el propósito para el que Dios lo creó.

De manera similar, vemos la manera en que muchos de los que fueron incluidos en el salón de la fama de la fe de Hebreos capítulo 11 tomaron la misma decisión de dejar su pasado atrás. En lugar de ver hacia atrás en destrucción, escogieron caminar hacia adelante por fe. La Escritura dice: "La fe es la confianza de que en verdad sucederá lo que esperamos; es lo que nos da la certeza de las cosas que no podemos ver" (Hebreos 11:1, NTV). Y los pioneros de la fe incluidos aquí se movieron más allá de la parálisis de su pasado para procurar la promesa del poder de Dios. Noé, Abraham, Sara, Isaac, Jacob, José, Moisés y demás; cada individuo decidió avanzar en lugar de dar marcha atrás.

Si quiere experimentar la plenitud de la sanidad de Dios en medio de esas áreas paralizadas de su vida, debe seguir al Señor. Debe escuchar su voz y obedecer sus mandamientos. Debe dejar tras sí el lugar donde solía vivir. Debe estar dispuesto a viajar ligero y seguir el sonido de la voz de Dios.

Dejar su antigua vida por el lugar a donde Dios quiere llevarlo tiene que ver con mucho más que geografía. Aunque muy bien Dios podría querer que usted se mude al otro lado de la ciudad, a otro estado o al otro lado del mundo, con frecuencia quiere ver movimiento en su corazón. Quiere que deje de cargar el bagaje del pasado que no cumple ningún propósito en su presente y solo lo hace más lento para alcanzar su futuro.

¿Se identifica? ¿Cuánto equipaje lleva con usted del pasado a diario? Quizá lo haya acumulado a partir de discusiones, conflictos, rencores en su matrimonio, de las dolorosas decepciones que ha experimentado cuando su cónyuge lo ha desilucionado, pero ¿y si pudiera perdonar a su cónyuge de la manera en que Dios lo perdona? ¿Y si pudiera dejar ir sus experiencias pasadas y viejos resentimientos para que el Señor lo pueda guiar a nuevas alturas de perdón, amor y gracia?

Quizá se haya conformado con menos de lo que usted sabe que Dios tiene para usted en su carrera laboral. Usted ha visto a los demás obtener su título, ser ascendidos y disfrutar de hacer aquello para lo que Dios los creó, pero usted no hace nada para hacer avanzar sus sueños. ¿Y si dejara las viejas excusas y las limitaciones del pasado? ¿Y si siguiera el llamado de Dios para dar el paso y comenzar a hacer aquello para lo que Dios lo creó?

> **¿Y si pudiera dejar ir sus experiencias pasadas y viejos resentimientos para que el Señor lo pueda guiar a nuevas alturas de perdón, amor y gracia?**

Quizá quiera ser un mejor padre para sus hijos, pero no se perdona a sí mismo por los fracasos pasados. Es probable que quiera pedirle perdón a sus amigos que hirió con sus palabras para que pueda llevar su relación a un lugar más profundo que honre a Dios. O posiblemente necesite nuevos amigos, unos que lo tomen de la mano como los ángeles a Lot y lo guíen hacia el Señor, en lugar de viejos amigos y personas que aparentan serlo quienes lo mantienen atrapado en el pasado.

Todos tenemos áreas en nuestra vida en las que encontramos seguridad por medio de permanecer en el pasado. Quizá hayamos invitado a Dios a la mayoría de las áreas de nuestra vida, pero no a todas las áreas. Y en esas áreas secretas permanecemos como prisioneros del pasado, incapaces de avanzar y cada vez menos dispuesto a hacerlo.

¿Le suena familiar? ¿Lo ha mantenido paralizado el abuso por temor de quizá sentirse impotente de nuevo? ¿Su adicción, incluso cuando se encuentra en recuperación, lo mantiene paralizado con el temor de que volverá a caer en ella? ¿La ansiedad lo mantiene atorado en un lugar porque, después de todo lo que ha pasado, después de todo lo que ha perdido —empleos, relaciones, casas y dinero— se pregunta cuándo sucederá la siguiente crisis o le caerá encima la próxima catástrofe? ¿Será que su estatus, esa capa de éxito, logro y adquisición material por la que ha trabajado toda su vida, lo mantiene atado en nudos mientras se esfuerza por mantenerse a flote?

Lo que haya sucedido en su pasado, ríndalo a los pies de la cruz.

Va a ser difícil, pero Dios nunca lo dejará y lo fortalecerá. Enviará a sus ángeles para guardarlo, y lo guiará para salir de la destrucción a una nueva vida. Habrá momentos dolorosos de ajuste. Batallará y se tropezará en ocasiones. Se quejará como lo hizo el pueblo de Israel después de que Dios los rescató de la esclavitud en Egipto, al murmurar que la vida parecía mejor allá en el pasado en comparación de la incomodidad del presente; ya que batallaban para ver la Tierra Prometida, querían conformarse con menos.

Solo usted puede tomar la decisión, estimado lector.

En muchas maneras parece bastante sencilla: hacia adelante o hacia atrás.

El hombre junto al estanque de Betesda había sido paralítico durante treinta y ocho años. ¿Por qué debería esperar caminar de nuevo? ¿Por qué debería atreverse a esperar un milagro? ¿Por qué no ver hacia atrás y resignarse a permanecer en posición horizontal en el piso por el resto de su vida?

¿Por qué? ¡Por Jesucristo!

Jesús conquistó su pasado y abrió la puerta a su glorioso futuro.

Jesús se abrió paso a través de su pasado y lo guía más allá de dónde comenzó.

Jesús venció su pasado para que pudiera conocer la sanidad completa.

No puedo instarlo lo suficientemente fuerte: haga lo que sea necesario para romper las cadenas de su pasado y todas las etiquetas que todavía tiene adheridas. Si está en serio con respecto a crecer en su fe, entonces ya no lo dude. ¡Deje de ver hacia atrás! ¡Deje de aparentar que ve hacia adelante mientras su cuello se pone rígido de estar viendo hacia atrás!

Tome la mano de Dios y permítale que lo guíe más allá de donde ha estado. Permítale llevarlo a una cumbre que nunca se imaginó ni en sus sueños más alocados. Usted puede llegar allí, pero solamente si confía en Él.

Mientras escribo esto, me siento dirigido a declarar algunas cosas sobre usted antes de que le dé vuelta a la página al capítulo siguiente. Creo que Dios lo liberará de su pasado, y lo invito a acompañarme a declarar estas afirmaciones sobre usted mismo.

Ya no permaneceré recostado en el piso de mi pasado.
Decido ponerme de pie.
Decido seguir a Dios hacia adelante, paso a paso, para subir la montaña.
Mi pasado ya no tiene derecho sobre mí.
Yo le pertenezco a Dios.
Soy un hijo del Rey.
Soy una nueva creación en Cristo.
Ha llegado el tiempo para dejar la parálisis del pasado.
Este es el momento de ya no dejar que otros me retengan.

Si quiere ser liberado de su pasado, entonces recuerde solo una cosa:

¡Usted es el próximo!

Capítulo seis

USTED ES EL PRÓXIMO... A MEDIDA QUE DIOS LE HABLA A SU FUTURO

Deje de decir: "Miren lo que hizo el diablo", y empiece a gritar: "¡Miren lo que el Señor ha hecho!".

¿CÓMO PUEDES YA estar en mañana cuando yo todavía estoy en hoy?

La voz de mi hija de cinco años revelaba tanto su emoción como su incredulidad cuando hice mi primer viaje a Australia para predicar en un congreso. Eva se quedó en casa con los niños, y la diferencia en nuestras zonas horarias —una increíble cantidad de diecinueve horas— significaba que mi llamada para darles las buenas noches a mis hijos a la hora de dormir sucedía en la tarde del día siguiente allá en Sídney.

—Bueno —le dije—, ¿recuerdas cómo te mostré la manera de mover las manecillas del reloj, y luego vimos el globo terráqueo y te mostré cómo la tierra gira sobre su propio eje y orbita alrededor del sol?

En ese momento, antes de irme, pensé que lo había entendido, pero de pronto me sentí poco seguro de ello. ¡De hecho, ya tampoco estaba seguro de entenderlo yo mismo!

—Lo recuerdo —me dijo—. ¡Pero no veo cómo puedes estar en el futuro y adelantado a nosotros aquí en casa! ¿Es como *Star Wars* o algo así?

—No en realidad —dije tratando de dar por terminada la cara llamada internacional—. Te lo explicaré una vez que regrese a casa, ¿está bien? Ahora, cepíllate los dientes y vete a dormir. Mamá te va a leer un cuento para dormir, pero yo voy a orar por ti en este momento.

Oré por mi hija y por el resto de nuestra familia, manteniendo mi oración similar a lo que solía orar en Sacramento al arroparla. Después de nuestro compartido amén, dije:

—¡Los amo! Pronto estaré en casa.

Hizo una pausa y dijo:

—También te amo, Papi, pero solo tengo una pregunta antes de colgar.

—Dime, preciosa —le dije.

—¿Cómo será el clima mañana? ¿Llueve donde estás? ¡Porque si llueve mañana, entonces quiero asegurarme esta noche de sacar mis botas para la lluvia!

Aunque mi hija ya es una adulta, esa preciosa historia todavía me hace sonreír.

Mañana es ayer

El viaje en el tiempo permanece como una de las prácticas básicas de las historias de ciencia ficción. Aunque no viajé en el tiempo, para mi joven hija ciertamente así lo parecía. Como mencioné, soy un fanático de Star Trek o un *trekkie* empedernido y crecí viendo la serie original de Star Trek, *Viaje a las estrellas*, cuando la sindicaron, así como la serie derivada *Star Trek: La nueva generación*. No necesita ser un fan para adivinar que viajar hacia atrás y hacia adelante en el tiempo —usualmente debido a un hoyo negro o alguna otra anomalía espacial— servía de argumento para varios episodios.

De hecho, uno de los episodios de la primera temporada de la serie original *Viaje a las estrellas*, con el título "Mañana es ayer", tenía que ver con que la USS Enterprise regresaba a la Tierra en la década de 1960, un inteligente guiño a la época de la transmisión original. Cuando un piloto de la Fuerza Aérea divisa la Enterprise y es atrapado por su rayo de atracción, el capitán Kirk salva al hombre llamado John Christopher, por medio de teletransportarlo a bordo de la nave. Lamentablemente, Christopher con rapidez observa que Kirk, Spock y la tripulación han viajado del futuro y, al igual que mi hija cuando era niña, trata de encontrarle sentido a la situación.

Por temor a las consecuencias que tendría en el *continuum* histórico permitir que Christopher regrese a la Tierra con conocimientos del futuro, al principio Kirk y Spock deciden llevarlo consigo de vuelta a su tiempo, una fecha estelar no específica en el siglo XXIII. Entonces Spock, examina la historia, y cae en cuenta de que mientras que el capitán Christopher mismo al parecer vivía de manera ordinaria, y su vida era poco interesante, sería padre de un joven que lideraría la primera expedición a Saturno. ¡Básicamente al remover una pieza de dominó de la historia pondría en movimiento un efecto de desplome que lo cambiaría todo! Kirk se las arregla para borrar la memoria de Christopher y devolverlo a su tiempo, además de que recupera las fotografías tomadas de su nave, pero el programa presenta varias preguntas interesantes acerca de la manera en que nuestras decisiones presentes tienen un efecto dominó de consecuencias futuras.

Ahora de vuelta del futuro ficticio a la realidad del mundo antiguo, considere una vez más al hombre del estanque de Betesda. Con el encuentro del paralítico con Jesús como nuestra base, hemos visto la manera en que Dios confronta nuestro momento presente y nos insta a que tomemos una decisión con respecto a si queremos ser sanos o no. Y luego consideramos la nueva vida que experimentamos cuando Dios nos libera del pasado. ¡Pero ahora exploraremos el impacto sobre nuestra vida cuando Dios le habla a nuestro futuro!

> **Al tener un encuentro con Jesucristo, Él traza una línea entre su pasado y su futuro; ¡nunca serán los mismos!**

Si el hombre de Betesda se hubiera sentido satisfecho con permanecer paralizado, su futuro hubiera reflejado su pasado. Seguiría una víctima de las limitaciones físicas debilitantes que impedían su movilidad. Día tras día habría permanecido una figura familiar allí en Betesda, al observar a otros ser sanados al entrar en el estanque justo después de que el ángel agitara las aguas, yacería en el piso, moviéndose como gusano y nunca lo suficientemente rápido para recibir el chapuzón sanador.

Al tener un encuentro con Jesucristo, Él traza una línea entre su pasado y su futuro; ¡nunca serán los mismos! Cuando usted acepta su invitación para ser sanado y se levanta y camina por fe, ya no sabe cómo será su futuro, que una vez parecía sombrío y predecible. De hecho excederá cualquier cosa que se pueda imaginar o lograr por sí mismo. Pero todo comienza con su disposición a prestar atención al presente, renunciar al pasado y recibir el futuro que Dios tiene para usted.

Su futuro le importa a Dios, y a lo que lo ha llamado no puede ser logrado por nadie más. No necesita que *Star Trek* o yo se lo digamos porque la Palabra de Dios es clara en que Él quiere hacer cosas asombrosas en nuestra vida si solamente se lo permitimos.

¿Me hablas a mí?

Como hemos visto, el hombre de Betesda no solo era el competidor en desventaja cuyo futuro fue transformado después cruzar su camino con el poder del Dios vivo. Una y otra vez en las páginas de la Biblia vemos que Dios escoge a personas de entre los que el mundo ha descartado, desde un pastorcillo que llegó a ser rey hasta un cruel mercenario quien se convirtió en apóstol a los gentiles. Una de mis favoritas simplemente revela una de las transformaciones más significativas.

Como cuando el friki adolescente Peter Parker se convierte en Spider-Man o el escuálido Steve Rogers se transforma en Capitán América, Gedeón comienza como quizá el héroe menos probable del pueblo judío. De hecho, pienso que la historia de Gedeón se sentiría a gusto en la pantalla grande como un superhéroe épico con todos los efectos especiales por computadora que podemos producir con la tecnología actual. Su historia comienza con una de las *peores* épocas en la historia de Israel; y cuando recuerda que los egipcios los esclavizaron durante cuatrocientos años antes de deambular en el desierto durante cuarenta años, ¡eso dice mucho! La Biblia establece la escena para la terrible experiencia sufrida por el pueblo hebreo.

> Los hijos de Israel hicieron lo malo ante los ojos de Jehová; y Jehová los entregó en mano de Madián por siete años. Y la mano de Madián prevaleció contra Israel. Y los hijos de Israel, por causa de los madianitas, se hicieron cuevas en los montes, y cavernas, y lugares fortificados. Pues sucedía que cuando Israel había sembrado, subían los madianitas y amalecitas y los hijos del oriente contra ellos; subían y los atacaban. Y acampando contra ellos destruían los frutos de la tierra, hasta llegar a Gaza; y no dejaban qué comer en Israel, ni ovejas, ni bueyes, ni asnos. Porque subían ellos y sus ganados, y venían con sus tiendas en grande multitud como langostas; ellos y sus camellos eran innumerables; así venían a la tierra para devastarla. De este modo empobrecía Israel en gran manera por causa de Madián; y los hijos de Israel clamaron a Jehová.
>
> —Jueces 6:1-6

No obstante, una vez más con el fin de que su pueblo se arrepintiera y volviera a Él, Dios les permitió enfrentar las consecuencias de su pecaminosidad. Esta vez permitió que los madianitas los conquistaran durante siete años, y no solo los madianitas, sino una plaga de enemigos descritos aquí como "grande multitud como langostas". Lo cual forzaba al pueblo de Israel a huir y esconderse donde pudieran cubrirse: cuevas, hendiduras y cavernas. Sus enemigos también sabían como mantenerlos débiles ya que los madianitas y sus compañeros merodeadores causaban estragos en los campos y las granjas del pueblo hebreo, y robaban o destruían toda su comida, ganado y objetos de valor. El pueblo judío sabía que apenas podrían recuperarse de un ataque antes de que sucediera el siguiente.

Dios escuchó las oraciones desesperadas de su pueblo y decidió levantar un líder, quien con la ayuda de Dios, derrotaría a los madianitas. No puedo evitar creer que Dios tiene un increíble sentido del humor porque el joven que eligió parecía ser el menos calificado de la comarca. Observe cómo Gedeón mismo señaló sus deficiencias de inmediato.

> Y el ángel de Jehová se le apareció, y le dijo: Jehová está contigo, varón esforzado y valiente. Y Gedeón le respondió: Ah, señor mío, si Jehová está con nosotros, ¿por qué nos ha sobrevenido todo esto? ¿Y dónde están todas sus maravillas, que nuestros padres nos han contado, diciendo: ¿No nos sacó Jehová de Egipto? Y ahora Jehová nos ha desamparado, y nos ha entregado en mano de los madianitas. Y mirándole Jehová, le dijo: Ve con esta tu fuerza, y salvarás a Israel de la mano de los madianitas. ¿No te envío yo? Entonces le respondió: Ah, señor mío, ¿con qué salvaré yo a Israel? He aquí que mi familia es pobre en Manasés, y yo el menor en la casa de mi padre. Jehová le dijo: Ciertamente yo estaré contigo, y derrotarás a los madianitas como a un solo hombre.
>
> —Jueces 6:12-16

El contraste entre el mensaje del Señor y la respuesta de Gedeón no podría ser más fuerte. Después de siete largos años de muerte, destrucción y destitución, Dios respondió las oraciones de su pueblo y comenzó a compartir las emocionantes noticias con Gedeón. De inmediato, Gedeón no solo parecía escéptico, ¡sino incluso insolente! Como respuesta, básicamente dijo: "¿En serio?

¿Me hablas a mí? Oh, perdón, pero si dices la verdad, entonces ¿por qué estoy sentado aquí escondido mientras trillo el trigo, que es un trabajo que suelen hacer las mujeres de por aquí!". Incluso después de que el mensajero de Dios le confirmó el mensaje a Gedeón, ¡todavía no había convencido a este joven! Respondió: "¡Pero si soy el más pequeño de mi familia, que es del clan más débil de todos!".

Gedeón no podía imaginar cómo Dios quería hablar a su futuro. Y requeriría un esfuerzo grande de convencimiento.

Pero Dios se encargó de eso.

Dios nunca abandona a su pueblo.

Lo ha escogido a usted así como escogió a Gedéon.

FE SOBRE TEMOR

A Dios Gedeón le costó un poco de trabajo. El momento y el lugar con claridad refuerzan el gran aprieto en el que se encontraba toda la nación de Israel. Antes de este intercambio con el ángel, como Jueces 6:11 nos dice, Gedeón trillaba trigo en un lagar para esconderlo de los madianitas. No labraba la tierra, peleaba ni buscaba comida con su padre y sus hermanos. Y el colmo era que Gedeón ni siquiera tenía las herramientas apropiadas en el lugar correcto, lo cual usualmente sería un trillo en una era. ¡Así que no es maravilla que haya batallado con tomar en serio el saludo del ángel como "varón esforzado y valiente"!

Antes de que seamos muy duros con Gedeón por dudar del futuro de Dios para él, quizá necesitemos pensar en nuestras propias respuestas en los momentos cuando Dios nos ha revelado hacia dónde quiere llevarnos. Cuando nos mudamos de Pensilvania a California para comenzar una nueva iglesia, batallé para creer que Dios en realidad quería que lo hiciéramos. Su

Espíritu lo seguía afirmando en mi corazón, y los detalles continuaban cayendo en su lugar también.

Pero todavía me preguntaba si tendría lo necesario. Quizá la visión que tuve de adolescente al ver la televisión no equivalía a otra cosa más que a vanas ilusiones. Sabía que Dios me había llamado a predicar y a pastorear, pero era posible que quisiera que permaneciera como pastor asociado en una iglesia pequeña allá en la Costa Este. ¿En realidad Dios tenía la intención de que yo comenzara una iglesia nueva que pudiera crecer a una congregación de miles de personas? ¿En realidad quería que viajara y hablara delante de multitudes? ¿Y si abría una posición de liderazgo para ayudar a otras iglesias y pastores, líderes de la comunidad o incluso funcionarios electos?

¿Alguna vez ha tenido un "momento Gedeón" propio? Quizá tenga el sentir de que Dios lo ha llamado a hacer algo, y al mismo tiempo se siente poco preparado o mal equipado para hacer el trabajo. Es probable que sienta que lo dirige a hacer un movimiento grande a un nuevo papel, pero al mismo tiempo su circunstancia parece demasiado abrumadora como para vencerla. Simplemente no se puede imaginar cómo podría hacer lo que Dios al parecer le ha pedido.

El poder de Dios prevalece sobre que seamos poco adecuados, inexperimentados o inseguros; seamos Gedeón o personas normales. Dios no ve nuestras circunstancias igual que nosotros. Vemos a nuestro alrededor así como dentro nuestro y fallamos en reconocer las posibilidades para su poder, y en lugar de ello con frecuencia nos enfocamos en nuestros defectos, fracasos y temores. Jesús dijo: "Para los hombres esto es imposible; mas para Dios todo es posible" (Mateo 19:26). Con frecuencia limitamos lo que Dios quiere hacer en nuestro futuro porque solo creemos lo que vemos con nuestros ojos mortales. No podemos vernos como

Dios nos ve —como personas esforzadas y valientes— cuando nos vemos débiles y escuálidos.

Afortunadamente el poder de Dios incluye la habilidad de ayudarnos a ver el futuro con una perspectiva eterna. ¡Le encanta recordarnos que nuestros pensamientos acerca de nosotros mismos no nos limitan! Sin importar cómo nos veamos —impotentes, vacíos, pecaminosos, asustados, con poca preparación, no muy bien calificados— solo nos pide que confiemos en Él. Con Dios de nuestro lado, ¿quién podrá estar contra nosotros? No podemos estar en nuestra contra y limitar el poder de Dios en nuestra vida si simplemente confiamos en Él y damos un paso de fe.

Con demasiada frecuencia permitimos que nuestros pensamientos, suposiciones y expectativas nos encadenen a lo que percibimos como la absoluta realidad. Buscamos detalles y evidencia de soporte que refuerce lo que creemos, y nos rehusamos a considerar otras posibilidades, incluyendo las del tipo sobrenatural. Sabemos que Dios puede hacer cualquier cosa —después de todo, Él es Dios—, pero no podemos comprender por qué nos escogería. Y como resultado nos resistimos o de plano nos rehusamos a avanzar al futuro de nuestro Padre para nosotros.

En lugar de ello nos aferramos a nuestro punto de vista negativo, enfocado en el pasado. Nos vemos como menos que los demás y, por lo tanto, no podemos imaginar cómo o incluso por qué Dios escogería operar a través nuestro. Pensamos que no provenimos de una buena familia o que no tenemos una capacitación ministerial real. No hemos estudiado la Biblia lo suficiente o no hemos aprendido cómo ser líderes. Nos estorbamos cuando Dios quiere mostrarnos las personas esforzadas y valientes que nos ha hecho.

> Su mente de temor no puede producir una vida de fe.

Cuando su mente se enfoca en sus debilidades, no puede aceptar la fuerza de Dios. Si el hombre de Betesda no hubiera creído en la posibilidad de alguna vez caminar, incluso después de que Jesús lo sanara, se habría rehusado a tratar de ponerse de pie. Podría haber dicho: "Lo intenté ya muchas veces, y fue imposible. Siempre he sido y siempre seré un inválido, un paralítico, un hombre que no puede caminar". En lugar de ello, recibió una sanidad instantánea de la manera en que se veía en el pasado, ¡y se atrevió a creer que podía caminar!

Su mente de temor no puede producir una vida de fe.

Deje ir lo que usted fue alguna vez para que Dios le pueda mostrar en quién se convertirá.

Usted es la próxima persona esforzada y valiente de Dios... ¡si decide ponerse de pie!

Gedeón batalló con la manera en que pensaba de sí mismo. Y como señala la Biblia, nuestros pensamientos tienen poder: "Porque cual es su pensamiento en su corazón, tal es él" (Proverbios 23:7). Incluso cuando el ángel del Señor se le apareció allí debajo de la vieja encina, Gedeón parecía tener grandes reservas. En lugar de emocionarse por la oportunidad que tenía delante con Dios a su lado, no podía ir más allá de su propia parálisis. No solo dudaba de sí mismo, sino al parecer ¡también dudaba de Dios!

> Gracias a quién es Dios, no tiene que preocuparse, retorcerse o cuestionarse con respecto a lo que no puede hacer.

Aunque sentirse asustado no significa haber pecado, no debería permitir que su temor crezca a ser el veneno que lo paralice y lo mantenga en el pasado. Todos enfrentan temor de vez en vez. Pero si le permite que controle su vida y lo mantenga paralizado, se arriesga a perderse del futuro que Dios tiene para usted. Cuando Jesús le ordene caminar, nunca permita que el temor interrumpa el milagro que quiere derramar sobre usted.

Siempre recuerde: usted no sirve a un Dios de temor sino a un Dios de amor. Usted tiene a un Padre afectuoso a su lado. Gracias a quién es Dios, no tiene que preocuparse, retorcerse o cuestionarse con respecto a lo que no puede hacer. Su Palabra nos dice: "Porque no nos ha dado Dios espíritu de cobardía, sino de poder, de amor y de dominio propio" (2 Timoteo 1:7). Los pensamientos atemorizantes persistentes que nublan su mente y estorban sus acciones no provienen de Dios. Él nunca opera con base en el temor. No permita que el enemigo utilice el temor para bloquear el camino hacia su destino divino.

EL PROBLEMA CON POR QUÉ

Tenga en mente que el temor de Gedeón no lo descalificó de ser usado por Dios. El Señor solo tuvo que abrirse paso a través de esos temores y ayudar a Gedeón a verse de una manera distinta. De manera similar, Dios no había estado sentado sin hacer nada ignorando los clamores de su propio pueblo. El Señor tenía su plan, y con Gedeón seleccionado, ahora podía comenzar.

Lo irónico fue que la mentalidad temerosa de Gedeón lo envolvía de tal manera que no reconoció la respuesta de Dios a las oraciones de los israelitas. Recuerde, la respuesta inmediata de Gedeón cuestionó esta demora por medio de preguntar: "¿Por qué Señor? ¿Dónde está el Dios que liberó a nuestro pueblo de Egipto?" (Jueces 6:13, paráfrasis). Dios había escogido a Gedeón como el líder para liberar a su pueblo, así como Dios había escogido a Moisés para guiar el Éxodo de Egipto. ¡Pero Gedeón no podía ver el bosque por los árboles! ¡O en este caso, como exploraremos en un momento, no podía ver el bosque por el vellón!

Gedeón se resistió al futuro de Dios y continuaba en el pasado, con la vista fija en el problema de: "¿Por qué?". Dios, por otro lado, llegó a escena no para responder el "¿por qué?" de un hombre, sino para brindarle un "¿qué?". Sí, los antecedentes familiares de Gedeón podrían haberlo identificado como el más débil y el más joven, pero rápidamente lo utilizó como una excusa. Básicamente, se atrevió a cuestionar la elección de Dios, ¡como si él supiera más que Dios!

Los miembros de una familia grande, como las que vemos en el pueblo de Israel, con frecuencia consideran al menor como más débil que sus hermanos mayores. En algunos casos, el bebé de la familia podría ser un consentido e incluso sentirse con derecho a privilegios, como lo vemos en la historia que contó Jesús acerca del hijo pródigo. Así que Gedeón podría haber sido condicionado a verse como joven y débil, poco calificado e inexperimentado, por su familia, amigos y vecinos. Pero una vez más, no importa lo que los demás digan acerca de usted, ¡solo lo que Dios dice!

> **Pensamos que con todos nuestros problemas del pasado —pobreza, libertad condicional, impotencia— Dios no podría elegirnos para un futuro glorioso. ¡Estimado lector, no crea esa mentira!**

El hecho de que Gedeón provenía de la tribu más débil podría ser un factor económico, así como emocional o físico. Tener poco dinero podría haberlo forzado a trillar trigo en un lagar, un recordatorio de lo pobres que eran. Podemos usar nuestra falta de recursos como una excusa también. Suponemos que porque somos los primeros en nuestra familia en ser cristianos no podemos liderar en un ministerio grande. Creemos que porque no nos hemos titulado no podemos cumplir con el potencial que sabemos que Dios ha colocado dentro de nosotros. Pensamos que como nuestros padres no eran acaudalados o con influencia, siempre seremos inferiores a los demás.

Nos encerramos en una mentalidad defectuosa sin siquiera darnos cuenta. Suponemos que porque nuestros padres no tuvieron éxito, que tampoco nosotros; o porque siempre estaban estresados y vivían al día, inevitablemente debemos vivir así también. Pensamos que con todos nuestros problemas del pasado —pobreza, libertad condicional, impotencia— Dios no podría elegirnos para un futuro glorioso.

¡Estimado lector, no crea esa mentira!

Su pasado no determina su futuro. ¡Dios sí!

MUÉSTRAME UNA SEÑAL

Cuando sucumbimos a nuestras dudas e inseguridades, algunas veces necesitamos ser reconfortados. Como Gedeón necesitamos una confirmación de parte de Dios. Pero con frecuencia, al pedir esta certeza, en realidad solo nos atascamos y encontramos una manera de extender nuestras dudas. Gedeón le dijo al ángel del Señor: "Bueno, si en realidad me quieres ayudar, entonces voy a prepararte de comer, y cuando regrese, seguirás aquí". Gedeón preparó la comida y volvió. ¿Y adivine qué? El ángel del Señor había permanecido allí (Jueces 6:17-21); sin embargo, Gedeón no estaba convencido.

Gedeón le dijo a Dios: "Si has de salvar a Israel por mi mano, como has dicho, he aquí que yo pondré un vellón de lana en la era; y si el rocío estuviere en el vellón solamente, quedando seca toda la otra tierra, entonces entenderé que salvarás a Israel por mi mano, como lo has dicho". Y aconteció así, pues cuando se levantó de mañana, exprimió el vellón y sacó de él el rocío, un tazón lleno de agua.

Mas Gedeón dijo a Dios: No se encienda tu ira contra mí, si aún hablare esta vez; solamente probaré ahora otra vez con el vellón. Te ruego que solamente el vellón quede seco, y el rocío sobre la tierra. Y aquella noche lo hizo Dios así; sólo el vellón quedó seco, y en toda la tierra hubo rocío.

—JUECES 6:36-40

Gedeón tuvo que pasar por el proceso de permitirle a Dios cambiar su proceso de pensamiento. Cuando nuestros pensamientos se enfocan en el pasado, necesitamos ayuda para recibir un atisbo de nuestro futuro. Afortunadamente, Dios tiene paciencia para transformarnos, y nos ayuda a ver la verdad. Nunca quiere que juguemos con Él o que tratemos de manipularlo, pero nos ama lo suficiente como para complacernos en medio de nuestras flaquezas y fragilidades. Por esta razón nos recuerda en su Palabra a enfocarnos, no en nuestro propios pensamientos y sentimientos, sino en su verdad eterna: "No os conforméis a este siglo, sino transformaos por medio de la renovación de vuestro entendimiento, para que comprobéis cuál sea la buena voluntad de Dios, agradable y perfecta" (Romanos 12:2).

Cuando le permitimos a Dios renovar nuestra mente, cambia nuestra manera de pensar. Le permitimos hacer esto por medio de leer, estudiar y meditar en su Palabra. Pasamos tiempo en oración y llegamos a conocerlo más íntimamente, ya que confiamos en Él como nuestro Padre amoroso. Lo obedecemos y buscamos complacerlo. Dejamos ir nuestra manera antigua de hacer las cosas por nuestra cuenta y abrazamos la de Dios. La Biblia nos dice: "En cuanto a la pasada manera de vivir, despojaos del viejo hombre, que está viciado conforme a los deseos engañosos, y renovaos en el espíritu de vuestra mente, y vestíos del nuevo hombre, creado según Dios en la justicia y santidad de la verdad" (Efesios 4:22-24).

Me encanta la historia de Gedeón porque incluso en medio de las inseguridades de este joven y su inadecuada manera de pensar, Dios lo amó lo suficiente como para hacer lo que Gedeón le pidió y hacer que el futuro fuera claro de una manera abundante. Dios veía las pruebas con el vellón innecesarias; no obstante, hizo como Gedeón le pidió para ayudarlo a ver las cosas de una manera distinta. Dios no quiere castigarnos por aferrarnos a nuestro pasado; quiere amarnos para impulsarnos a nuestro futuro. No creo que las peticiones de Gedeón molestaran u ofendieran al Señor. En lugar de eso, Dios quería que Gedeón confiara en Él, así como todavía quiere que confiemos en Él hoy.

Dios habló la verdad y permitió que su poder penetrara la manera en que Gedeón pensaba acerca de sí mismo y el futuro al que lo llamó a cumplir. De hecho, Dios llamó a Gedeón un varón esforzado y valiente.

> **Dios no quiere castigarnos por aferrarnos a nuestro pasado; quiere amarnos para impulsarnos a nuestro futuro.**

La verdadera prueba viene, por supuesto, cuando ponemos nuestros pensamientos en acción. ¿Confiaremos en Dios lo suficiente como para soltarnos del pasado y nuestros antiguos caminos con el fin de caminar en fe y pelear por nuestro futuro? Aunque antes estuvo escondido y temeroso del peligro, Gedeón por fin comenzó a actuar conforme a las instrucciones de Dios. Al principio reunió un ejército de treinta y dos mil hombres, pero Dios dijo: "Son demasiados". En lugar de ello, Dios instruyó a su varón esforzado y valiente sobre cómo distinguir a los soldados que Dios quería que Gedeón se llevara a la batalla con él. Al final solo trescientos pasaron la prueba (Jueces 7:2-8).

¿Puede ver la diferencia en acción? Gedeón pasó de pensar de sí mismo como nada, el más débil y escuálido, a liderar trescientos hombres para enfrentar a un ejército de más de cien mil. ¡Con las probabilidades en su contra, Gedeón sabía que Dios pelearía por Él! No importaba cuántos soldados tuviera, porque Dios estaría de su lado. ¡La victoria le pertenece al Señor y solo a Él!

Entonces Dios instruyó a Gedeón para que rodeara a los madianitas mientras cada uno llevaba teas y trompetas; ¡nada de lanzas, flechas o armas sofisticadas, solo una tea en una mano y una trompeta en la otra! Gedeón siguió las instrucciones y la Biblia dice que cuando el ejército hebreo bajo el mando de Gedeón hizo sonar las trompetas y levantaron las teas, los madianitas se despertaron, escucharon la conmoción ¡y se confundieron tanto que comenzaron a matarse entre sí! Básicamente se derrotaron a ellos mismos gracias a la estrategia que Dios le dio a Gedeón. Él y sus trescientos hombres capturaron a los soldados restantes y aseguraron la victoria para Israel por medio de depender del poder del Señor.

Mientras que ciertamente fue testigo de una victoria militar milagrosa, creo que Gedeón ganó una batalla mucho más milagrosa ¡dentro de su propia mente y corazón! Rescatado de la parálisis del pasado, Gedeón enfrentó sus temores con la ayuda de Dios y los venció, lo cual lo liberó para pelear por su futuro y ganar.

DE VUELTA AL FUTURO

Quizá quiera soltar el pasado y enfrentar su futuro dado por Dios, pero sus temores permanecen. Usted escucha a Dios que lo llama su varón esforzado y valiente, y usted sabe que Él tiene el poder de vencer todos y cada uno de los obstáculos en su camino. Aun así, usted espera y se cuestiona y empieza a perder fuerza. No puede dilucidar como es que todo se resolverá. No tiene una explicación lógica o racional para lo que debe suceder para avanzar, así que se mantiene en el piso; ya no está paralizado, pero duda en probar su nueva movilidad.

Debemos caer en cuenta de que Dios todavía nos dice lo mismo que le dijo a Gedeón: "Ve con esta tu fuerza, y salvarás a Israel de la mano de los madianitas. ¿No te envío yo?" (Jueces 6:14). Nos enfocamos en todas las razones por las que no funcionará cuando Dios insiste en que confiemos en Él y que avancemos de todos modos. Básicamente, el Señor nos dice: "Confía en mí esta vez. Ve con todo lo que tienes, y yo me encargaré del resto. ¡Lo tenemos!".

¡Incluso cuando presentamos excusa tras excusa, Dios las hace un lado como el rocío sobre un vellón! Recuerde lo que le dijo a Gedeón, su varón esforzado y valiente seleccionado a mano: "Ciertamente yo estaré contigo, y derrotarás a los madianitas" (Jueces 6:16). Según lo que alcanzo a contar, Dios llegó a decirle a Gedeón: "¡Escucha, yo estoy contigo!", tres veces. Entonces incluso fue tan lejos como para decirle a Gedeón con exactitud lo que sucedería. Dios no dejó a Gedeón como una víctima de su pasado; Dios le reveló el futuro victorioso que tenía para él.

No obstante, se suscitó una batalla en la mente de Gedeón. Aunque Dios ya le había mostrado la victoria, Gedeón tuvo que ponerse al día en su capacidad de confiar y actuar en su fe. Las dudas de Gedeón lo llevaron a probar a Dios por lo menos tres veces antes de que Dios por fin convenciera a Gedeón de que estaría de su lado.

Tenemos que llevar cautivo cada pensamiento negativo y derribar los pensamientos que no son de Dios. Tenemos que entrenar nuestra mente para pensar por medio de los lentes de la verdad de Dios y no de nuestras propias percepciones y suposiciones.

Todos tenemos batallas en nuestra mente cuando sabemos que nuestra manera de pensar no refleja la perspectiva de Dios. En estos momentos debemos reclamar la victoria que Cristo ya ganó por nosotros. Debemos declarar nuestro destino divino y no el descarrilamiento del diablo. Cuando los pensamientos negativos, de derrota e impuros vienen a nuestra mente los debemos llevar cautivos. Debemos orar y reclamar la victoria que ya se nos ha dado por medio de recordarle a nuestro enemigo la futilidad de sus intentos. Todo lo podemos en Cristo que nos fortalece y nos asegura que tenemos todo lo que necesitamos.

Requirió un tiempo, pero Gedeón por fin comenzó a creer las promesas de Dios. Al confiar a plenitud en Dios, Gedeón fue a la batalla contra los madianitas, siguió las instrucciones de Dios y derrotó al enemigo que había aterrorizado a Israel los últimos siete años. De forma similar podría tomarnos un tiempo antes de que podamos levantarnos y andar, pero ya poseemos el milagro.

Estimado lector, no permita que las circunstancias, las crisis, las condiciones o las preocupaciones críticas de otros lo dejen tirado en el polvo cuando Dios lo llama a correr en el sol. Si sabe que no se ve a usted mismo como Dios lo ve, entonces tome tiempo para enfocarse en su Palabra y aprender la verdad. Es un hijo del Rey. Es su amado. Es perdonado en Cristo Jesús. Usted es un heredero de justicia. Es un ciudadano eterno del cielo.

Deje ir el pasado y dé un paso hacia su futuro.

Quizá haya sido retrasado, descarrilado o desalentado, pero ha llegado el tiempo para volver a su futuro.

¡Su futuro comienza justo ahora!

Dios no quiere renovar su pasado; ¡quiere soltar su futuro!

Dios ha hablado hacia lo que queda delante, y sus viejas maneras de pensar, ver y actuar ya no lo controlan. Comience a verse por medio de los ojos de Dios y nos los propios. ¡Su futuro depende de ello! Lo que haga Dios a continuación en su vida romperá las reglas de expectación y las normas de conformidad y circunvalará su usual manera de pensar.

Como el paralítico de Betesda, cuando Jesús le pida que se levante y ande, ¡no tiene tiempo de salir con excusas! Debe creer, estimado lector, que por fin, después de tanto tiempo... ¡usted es el próximo!

Capítulo siete

USTED ES EL PRÓXIMO… A MEDIDA QUE DIOS LE DA EL PODER DE HACER LO QUE NO PODÍA HACER ANTES

Dios no llama a los que lo tienen todo; llama a los que están dispuestos a rendirlo todo.

S OY PRUEBA VIVIENTE de que Dios nos bendice en nuestra dependencia de Él. Esta dependencia de Él ha sido un proceso desafiante, pero ha sido esencial para habilitarme para hacer lo que no puedo hacer por mí mismo.

Como puede ver mi camino a liderar una de las mayores redes evangélicas del mundo solo puede ser descrito como algo orquestado por Dios. Siempre he sido apasionado no solo por mi relación con Jesucristo y la Gran Comisión de compartir las buenas noticias del evangelio con el mundo, sino también de unir las voces multiétnicas y multigeneracionales para marcar una diferencia en la calidad de vida de todas las personas. Siempre me he sentido llamado a ministrar al cuerpo y al alma porque veo que la cruz de Cristo une el cielo y la Tierra, y nos sana tanto de manera vertical en nuestra relación con Dios como de forma horizontal en nuestras relaciones los unos con los otros. Jesús nos dice que vino para darnos vida plena y abundante (Juan 10:10), y sé que Dios me ha llamado para ser un catalizador y un facilitador de su poder en la vida de otros.

Con una pasión propulsada por el Espíritu de reconciliar el mensaje de salvación por medio de Jesucristo de Billy Graham con la marcha del Dr. Martin Luther King Jr. por la justicia, como mencioné antes, me ha dado a la tarea de establecer un movimiento que haga nada menos que cambiar el mundo.

EL PROBLEMA CON MI PROBLEMA

A pesar de conocer y abrazar el llamado de Dios para liderar y servir a este movimiento cometí un error crucial. Se podría pensar que como he sido creyente por décadas, a demás de ser pastor, sabría mejor que nadie lo que significa depender de Dios. Y aunque siempre he entendido esta necesidad a nivel cognitivo, requirió algunas experiencias humillantes para que cayera en cuenta de que había fallado, caído y fracasado en cumplir mi misión dada por Dios porque dependía de los demás y de mí mismo más que de Dios.

Puedo ver en retrospectiva cómo de manera no intencional mantuve paralizado mi impacto por tratar de llevar el movimiento a través de mi propio poder. Sin reconocer mi autosuficiencia y control autónomo, trabajé duro para sostener y difundir la misión, el ministerio y el mandato todo por mi cuenta. Viajaba y hacía contactos todo el tiempo, recaudaba fondos todo el tiempo y raras veces declinaba una oportunidad para hablar, enseñar o predicar. En mi mente, en ese tiempo, había hecho el trabajo duro necesario para que el movimiento sobreviviera y floreciera.

No obstante, como el hombre del estanque de Betesda, no llegué muy lejos.

Dé un paso atrás o suba de nivel

Luego sucedió; ese momento, ese encuentro preciso cuando su vida es sacudida por una verdad que lo definirá para siempre. Recuerdo orar y preguntarle a Dios: "¿Por qué?". Y entonces fui lleno del Espíritu Santo y Dios me dio una rúbrica sencilla que cambió mi vida y la trayectoria de nuestro movimiento a partir de ese momento. "¡Vive un vida santa, sana, saludable, feliz, humilde, hambrienta, que le dé honra a Dios y cambia al mundo!".

¡Qué impresionante! ¡Lo entendí! No se trata acerca de mí. No se trata de mi habilidad; se trata de su unción. No se trata de mi potencial; se trata de su poder. No se trata de lo que hago por Dios; se trata de lo que Dios ya hizo por mí. No se trata de mi fortaleza; se trata de su favor. No se trata acerca de mí. No se trata acerca de mí. No se trata acerca de mí. En realidad, se trata acerca de Él; no solo de manera retórica, sino en acción, palabra, hecho y pensamiento. Todo se trata de Jesús.

A medida que he reconocí esta verdad, ¡la NHCLC comenzó a explotar! Como para subrayar la lección que quería que aprendiera, Dios bendijo nuestra organización y mi liderazgo en muchas direcciones. Llegaron donativos no solicitados a medida que nuevos contribuyentes, patrocinadores y colaboradores ministeriales pedían financiar nuestros esfuerzos. Se comenzaron a abrir invitaciones inesperadas y nos brindaron plataformas mucho más significativas que las que yo hubiera obtenido en mis esfuerzos del pasado. Los medios principales de noticias comenzaron a cubrirnos de manera central y principal, y me buscaron para comentar sobre asuntos de fe, cultura y política pública.

Entre más dejaba de trabajar por mis propios esfuerzos y simplemente dependía de Dios, más me bendecía y el impacto de la NHCLC. Por ejemplo, en enero de 2013 me convertí en el primer latino en dar el discurso principal en el Servicio Anual Conmemorativo de Martin Luther King Jr. que se celebra en la Iglesia Bautista Ebenezer en Atlanta, Georgia. Ese mismo año, acepté la invitación de dar el discurso principal en el Congreso de Libertad Religiosa del Centro de Ética y Política Pública en Washington, D. C. Tuve otras oportunidades increíblemente prestigiosas de hablar en Princeton, Yale, Cumplidores de Promesas, la Universidad Liberty, la Asociación Nacional de Evangélicos y la Casa Blanca.

De hecho, la Casa Blanca no solo me invitó a hablar, sino a conocer al entonces presidente George W. Bush. Después de que el presidente Obama fue electo, me pidió que sirviera en su Fuerza de Tarea de la Casa Blanca sobre Paternidad y Familias Saludables. Otros líderes y miembros del Congreso buscaban de manera activa mi perspectiva y comentarios sobre asuntos y objetivos de políticas.

En 2016 acepté la invitación a orar en el podio como parte de la ceremonia inaugural de Donald J. Trump.

Hoy la NHCLC ha sido reconocida por *The New York Times*, *Wall Street Journal*, *Christianity Today*, la revista *Charisma*, NBC, Telemundo, Univision, Fox News, CNN y varios otros anales de noticias, publicaciones y periódicos como la mayor organización cristiana hispana y latina y la de más influencia con más de cuarenta mil iglesias miembro certificadas en los Estados Unidos. Nos unimos en relación de pacto con ministerios e iglesias de América Latina y alrededor del mundo.

Estimado lector, comparto todo esto con usted no para gloriarme de ninguna manera, así que discúlpeme si esto le parece poco modesto. Porque mi intención es mostrarle justo lo opuesto: ¡cómo que yo nunca podría haber hecho que esto sucediera! Solamente Dios podría hacer suceder tantas bendiciones, oportunidades y felicitaciones tan increíbles. Solo Dios podría abrir las puertas de la Casa Blanca a un friki descendiente de puertorriqueños, amante de *Star Trek* como yo.

Tan pronto di un paso hacia atrás y le rendí el control a la soberanía de Dios, Él resucitó nuestra organización y comenzó a trabajar a través de ella en formas milagrosas; ¡para su gloria y para su Reino!

Cuando di el paso hacia atrás, Dios dio el paso al frente.

HUNDIRSE O NADAR

¿Puede identificarse con mi experiencia? ¿Alguna vez se ha esforzado duro para hacer funcionar algo, incluso algo que sabía que Dios quería hacer, solo para verlo fracasar? Como vemos a lo largo de la Biblia, Dios quiere que sus hijos dependan de Él. Él conoce el mejor plan para nosotros, sabe con cuanta frecuencia nos metemos en problemas cuando nos volvemos autosuficientes y pensamos que podemos lograr lo que solo Él puede hacer.

Algunas veces, cuando hemos tratado y tratado de ponernos de pie solo para caer una y otra vez, dejamos de intentarlo. Suponemos que siempre permaneceremos en el piso, entonces, ¿para qué torturarnos con una falsa esperanza? Me pregunto si el paralítico se sentía así junto al estanque del templo en Betesda. Es probable que nos veamos tentados a dudar y pensar en la posibilidad de que nuestro siguiente intento sea igual de poco exitoso ya que todos los que lo precedieron fallaron.

Pero aparentemente el hombre no trató de pensar en lo que Jesús le ordenó que hiciera, ¡simplemente lo hizo! "Jesús le dijo: Levántate, toma tu lecho, y anda. Y al instante aquel hombre fue sanado, y tomó su lecho, y anduvo. Y era día de reposo aquel día" (Juan 5:8-9). ¡Observe que dice: "Y al instante"! ¡No después de unos minutos, no después de que le explicó a Jesús por qué no funcionaría, no después de cambiarse las sandalias y sentirse mejor por su aspecto!

¡Al instante!

Cuando Jesús le dijo que se levantara, no utilizó cualquier frase antigua. No le hizo una pregunta o le presento una solicitud. Las palabras de Jesús instruyeron al hombre de manera imperativa a que hiciera lo que no podía hacer antes.

Un encuentro con Jesús por medio del poder del Espíritu Santo siempre lo empoderará para hacer lo que no podía hacer antes. En un momento no puede caminar y al siguiente puede. Cuando Jesús aparece, de inmediato lo empodera para hacer lo que no podía hacer antes.

No obstante, a diferencia del hombre de Betesda, con frecuencia le permitimos a nuestros temores que abrumen nuestra fe. En lugar de levantarnos al instante, dudamos y dejamos la puerta abierta para que los temores tomen el control. Comencé a servir y a liderar la NHCLC no en mi propio poder, sino por medio del poder de Dios. Pero entonces comencé a pensar que tenía que hacerlo yo mismo; me consideraba responsable de si nos hundiríamos o avanzaríamos. Me volví tan determinado de que nuestra organización tuviera éxito que dejé a Dios fuera de la ecuación. Sabía que necesitaba su poder, pero no dependía de Él a diario, cada hora, minuto a minuto.

> **Un encuentro con Jesús por medio del poder del Espíritu Santo siempre lo empoderará para hacer lo que no podía hacer antes.**

En esas situaciones en las que nuestro temor socava nuestra fe, haríamos bien en recordar el ejemplo de uno de mis discípulos favoritos, Simón Pedro. No estoy seguro de si algún otro seguidor de Jesús pasó por más subidas y bajadas que este apasionado pescador quien con toda claridad amaba al Señor, pero quien también batallaba con temores personales con los que todos nos podemos identificar. En uno de sus encuentros más dramáticos, observe lo que sucede cuando Pedro deja de caminar por fe y en lugar de ello depende de su propia habilidad.

Mas a la cuarta vigilia de la noche, Jesús vino a ellos andando sobre el mar. Y los discípulos, viéndole andar sobre el mar, se turbaron, diciendo: ¡Un fantasma! Y dieron voces de miedo.

Pero en seguida Jesús les habló, diciendo: ¡Tened ánimo; yo soy, no temáis! Entonces le respondió Pedro, y dijo: Señor, si eres tú, manda que yo vaya a ti sobre las aguas. Y él dijo:

Ven. Y descendiendo Pedro de la barca, andaba sobre las aguas para ir a Jesús.

—Mateo 14:25-31

De pie en la tormenta

Esta escena sucedió después de que Jesús alimentó a los cinco mil a través de bendecir el almuerzo de pescado y pan de un muchacho (Mateo 14:13-21; Juan 6:5-13). Entonces envió a los discípulos en una barca al otro lado del lago mientras despedía a la multitud y tomaba un tiempo para estar a solas con Dios (Mateo 14:22-23). Mientras los discípulos iban en la barca para cruzar el lago en medio de la noche, se desató una tormenta.

Como si estar en medio de una tormenta en un lago en la oscuridad no fuera bastante atemorizante, entonces los discípulos voltearon y vieron a un hombre que caminaba hacia ellos: ¡caminando sobre la superficie del agua agitada! Como el escritor del evangelio nos dice que era Jesús antes de que los discípulos reconocieran a su Maestro, podríamos vernos tentados a reírnos de su rápida conclusión llena de imaginación. Pero con toda honestidad, en ocasiones tendemos a permitir que nuestros temores tomen la preeminencia sobre nuestra fe.

Y los discípulos hicieron precisamente eso. Supusieron que debería ser un fantasma lo que se les acercaba, ¿o quién o qué otra cosa podría caminar sobre el agua? Así que Jesús se identificó y reconfortó a sus amigos. Aunque no habían visto a su Maestro caminar sobre el agua, con toda seguridad lo habían visto hacer suficientes proezas milagrosas inimaginables como para no cuestionar su capacidad de hacer algo así. Después de todo, ¿no habían sido testigos de cómo tomó un pequeño almuerzo de cinco panes y dos peces, bendecirlo y transformarlo en más hamburguesas de filete de pescado de las que McDonald's ha servido alguna vez?

No obstante, al igual que nosotros, en ocasiones los discípulos se mostraban escépticos. Pedro, de manera muy semejante a nuestro amigo Gedeón que pedía pruebas con sus vellones, quería un poco de evidencia para respaldar la afirmación del fantasmagórico extraño. ¿Y no le encanta la prueba que pidió Pedro? "Si eres tú, Señor —dijo—, ¡entonces que yo haga lo que estás haciendo! Que yo camine sobre el agua al igual que tú".

Ahora bien, si nos hubieran hecho esta petición a usted o a mí, habríamos dado con el mismo tipo de respuesta que les solía dar a mis hijos cuando me pedían si podían quedarse con otro gato o perro callejero. "No creo que sea una buena idea", les decía tan amable y gentilmente como fuera posible mientras pensaba en mi interior: "¡De ninguna manera nos vamos a quedar con esa sabandija!".

En lugar de ello, Jesús simplemente dijo: "Ven".

Me impresiona lo similar que es la instrucción en muchas maneras con la que le dio al paralítico: "¡Levántate! —dijo el Señor—. ¡Camina hacia mí! ¡Vamos!". ¡Pedro hizo como se le instruyó, se bajó de la barca y caminó sobre el agua al igual que su Maestro! Pero observe lo que sucedió después: "Pero al ver el fuerte viento, tuvo miedo; y comenzando a hundirse, dio voces, diciendo: ¡Señor, sálvame!" (v. 30).

¿Cuántas veces ha obedecido el llamado de Dios sobre su vida y ha comenzado a hacer lo que nunca se hubiera imaginado hacer? ¿Cuántas veces ha salido de su zona de comodidad, su barca de seguridad y comenzado a caminar por fe hacia la voz del Maestro? Quizá lo sorprenda tanto como a todos a su alrededor. No creían que usted lo pudiera hacer, y al igual que nuestro viejo amigo Gedeón del capítulo anterior, es posible que usted tampoco. ¡Pero mírese, hace lo que nunca había hecho: camina sobre el agua!

Pero no por mucho tiempo.

Al igual que a Pedro, los vientos de la vida nos sorprenden y sacuden nuestra fe.

Vemos hacia abajo y no podemos creer que la superficie del agua soporte nuestros pies. Vemos hacia arriba y vemos caer la lluvia y que se juntan las nubes mientras escuchamos el viento soplar. ¡No solo sabemos que no tenemos la habilidad de hacer lo imposible, caminar sobre el agua, sino que de pronto caemos en cuenta de que lo estamos haciendo en medio de una tormenta, lo cual con toda seguridad debe ser todavía más imposible! (Como si existieran grados de imposibilidad). Esto solo sirve para mostrar la manera en que nos enredamos en nuestra mente y tratamos de adaptar el poder de Dios a nuestra comprensión del mundo a nuestro alrededor.

Solo piense que hubiera sucedido si el hombre de Betesda hubiera actuado así o se hubiera comportado como Pedro. Allí está, ha yacido en el piso durante treinta y ocho años, cuando viene Jesús quien le dice que se levante, tome su lecho y ande. Así que el hombre se levanta, da un paso sobre sus piernas que no habían conocido un movimiento suave y fluido como este en casi cuatro décadas. Y entonces duda. Ve hacia abajo y piensa: "¡Esto no puede estar sucediendo! ¿Esos no son mis pies o sí? Parecen estarse moviendo bien, y se sienten excelente, mejor que nunca, pero eso no parece ser posible, ¿o sí? Después de todo, soy un paralítico. ¡No puedo caminar como alguien que pasea el domingo por el parque!".

Todos tenemos momentos, como Pedro cuando cambiamos nuestro enfoque de Jesús a nuestra propia habilidad —o falta de ella— para hacer lo que nos ha pedido. Permitimos que nuestros temores nos abrumen, que nuestra lógica tome el control y que nuestras dudas nos venzan. ¡De inmediato nos comenzamos a hundir! No podemos continuar. Sabemos que no podemos hacer lo imposible; y al parecer no estamos seguros de que Dios pueda hacerlo tampoco. Pero después de todo Él es Dios así que clamamos: "¡Señor! ¡Sálvame!".

> Cuando trata de caminar en su propio poder caerá, sin importar cuántas veces lo intente, sin importar cuánto esfuerzo haga.

Jesús extiende su mano y nos atrapa, así como tomó a Pedro en ese momento atemorizante. Pero el Señor también nos recuerda las mismas palabras que le dijo a su discípulo: "¡Hombre de poca fe! ¿Por qué dudaste?" (v. 31).

Cuando trata de caminar en su propio poder caerá, sin importar cuántas veces lo intente, sin importar cuánto esfuerzo haga. Pero cuando mira a Jesús y extrae su poder de Él, entonces puede hacer lo que no podía hacer antes. Al igual que Pedro, usted puede caminar sobre el agua. Como el paralítico, puede caminar por fe.

DESAYUNO EN LA PLAYA

Pedro me intriga porque este incidente en el lago no fue la única ocasión en la que se deslizó y se hundió al depender de su propio poder. Quizá recuerde que más tarde, Pedro, junto con otros discípulos, acompañaron a Jesús al huerto de Getsemaní para tener una vigilia en oración antes del arresto, crucifixión y muerte de Jesús. En ese tiempo Pedro había llegado a estar tan comprometido con su Maestro que incluso sacó su espada y le cortó la oreja al siervo del sumo sacerdote, quien era parte del grupo que había ido a arrestar a Cristo (Juan 18:10).

¡No obstante, en cuestión de unas pocas horas, este mismo fornido y celoso defensor de Jesús afirmó ni siquiera conocer al carpintero de Nazaret! Cuando otros desafiaron su negación, Pedro repitió su mentira dos veces más (Lucas 22:54-62), para cumplir de manera no intencional con la advertencia profética que el Señor mismo le había dado a Pedro (Mateo 26:34). Se me dificulta no ver que Pedro una vez más mira al viento, teme la tormenta y se hunde. En lugar de enfocarse en Jesús, Pedro reaccionó con temor y volvió a tomar el control. Quizá pensó: "¡Mejor miento acerca de conocer a Jesús o también me arrestarán!". En lugar de confiar en Dios para su seguridad, Pedro trató de tomar el control.

No obstante, la historia de Pedro no había terminado. Al igual que Jesús estiró la mano y lo salvó de hundirse en la tormenta, el Señor le mostró a Pedro su perdón de una manera particularmente personal e incisiva. Después de su resurrección, Cristo se les apareció en diferentes momentos y lugares a sus seguidores. Mientras que cada encuentro fue en verdad memorable, no puedo evitar creer que esta escena del desayuno en la playa tuvo un efecto bastante profundo en Pedro.

> Cuando ya iba amaneciendo, se presentó Jesús en la playa; mas los discípulos no sabían que era Jesús.
>
> Y les dijo: Hijitos, ¿tenéis algo de comer? Le respondieron: No. El les dijo: Echad la red a la derecha de la barca, y hallaréis. Entonces la echaron, y ya no la podían sacar, por la gran cantidad de peces.
>
> Entonces aquel discípulo a quien Jesús amaba dijo a Pedro: ¡Es el Señor! Simón Pedro, cuando oyó que era el Señor, se ciñó la ropa (porque se había despojado de ella), y se echó al mar. Y los otros discípulos vinieron con la barca, arrastrando la red de peces, pues no distaban de

tierra sino como doscientos codos. Al descender a tierra, vieron brasas puestas, y un pez encima de ellas, y pan.

—JUAN 21:4-9

Los discípulos estaban pescando, pero como señaló Jesús ¡no a la derecha! Cuando echamos nuestra red donde pensamos que podemos obtener lo que queremos solemos terminar con las manos vacías. Solo cuando obedecemos las instrucciones de nuestro Maestro podemos hacer lo que no podíamos hacer antes.

Jesús no solo le cocinó el desayuno a Pedro y a los demás, sino que el Señor también ya le había dado palabras proféticas de gracia al pescador: "Y yo también te digo, que tú eres Pedro, y sobre esta roca edificaré mi iglesia; y las puertas del Hades no prevalecerán contra ella" (Mateo 16:18). Cristo nunca se rindió con su amigo y se abrió paso por entre los temores de Pedro para descubrir su fe. Jesús quería trabajar a través de la vida de Pedro y transformar la pasión de su seguidor en precisión. Después de que Jesús ascendió, Pedro pasó el resto de su vida en la predicación y difusión de las noticias del evangelio a dondequiera que iba, hasta que por fin sufrió el martirio por su fe. Ya no temía las tormentas de la vida, sino que confiaba que Dios estaría con él en medio de ellas.

Pedro creció de ser el tipo de persona que sabía que nunca podría caminar sobre el agua en su propio poder a alguien que de continuo daba pasos de fe para compartir a Cristo con otros. Pedro pasó de ser un hombre que negó conocer a Jesús tres veces a uno dispuesto a enfrentar la muerte por su amado Salvador. Pedro sabía de primera mano que tener un encuentro con el amor de Jesús y el poder del Espíritu Santo nos empodera de manera radical para hacer lo que no podíamos hacer antes. Era ejemplo y prueba viva de la verdad que escribió Pablo: "Esto significa que todo el que pertenece a Cristo se ha convertido en una persona nueva. La vida antigua ha pasado; ¡una nueva vida ha comenzado!" (2 Corintios 5:17, NTV).

LEVÁNTATE

Estimado lector, quizá no crea tener la misma fe que Pedro, pero así es. Es probable que no se sienta tan capaz de ponerse de pie como el hombre de Betesda, pero sí puede. Pudiera ser que no quiera tratar de hacer una vez más lo que no había podido hacer antes, pero debe hacerlo. Porque cuando usted tiene un encuentro con la presencia del Dios vivo en su vida, puede hacer lo que no podía hacer antes. Todos los que encuentran a Jesús e invitan a su Espíritu a su vida experimentan una abundancia de poder que los habilita para exceder cualquiera cosa que hayan hecho antes. Jesús dijo: "Para los hombres esto es imposible; mas para Dios todo es posible" (Mateo 19:26).

¿Cuántas veces trató el hombre de Betesda de ponerse de pie en su propia fuerza y falló?
¿Cuántas veces dependió de todos para obtener su milagro y fracasó?
¿Cuántas veces se lamentó de no tener lo que tenían los demás?

Entones de pronto se presenta Jesús, ¡y el milagro comenzó! Y empezó no con el mandato de Jesús de levantarse y andar, sino con la pregunta diagnóstica del gran Médico. Sin importar qué más haga con la historia de completa y total sanidad de este hombre, no se atreva a olvidar la primera pregunta que le hizo Jesús: "¿Quieres ser sano?".

No fue un insulto, no fue una pregunta obvia y no era una pregunta retórica, sino una invitación. Antes de obedecer al mandamiento de Jesús de levantarse y andar, debe responder esta pregunta de manera abierta y honesta. ¿Quiere dejar de presentar excusas? ¿Quiere dejar de hacerse la víctima? ¿Quiere terminar con el juego de echar culpas? ¿Quiere ser restaurado?

¿Quiere ser sano?

Es muy sencilla, y, sin embargo, con frecuencia la complicamos. Tememos dejar ir y que Dios nos empodere. La incertidumbre de quiénes seremos sin nuestra parálisis nos asusta.

El asombroso escritor cristiano C. S. Lewis capturó el temor de esta decisión con gran perfección en su libro *El gran divorcio*. En su historia alegórica un grupo de personas viaja a través de las faldas del cielo camino al infierno. Estos viajeros aparecen fantasmales, insustanciales y frágiles mientras se aferran a sus propias comodidades y consuelos pecaminosos. Un pasajero fantasma en particular lleva una lagartija roja, que simboliza el poder del pecado en su vida, sobre su hombro, la cual le susurra de manera constante al oído. A medida que el grupo se acerca al cielo, un ángel se dirige a este fantasma y le hace la invitación de romper el poder del pecado sobre su vida, de modo que Dios lo pueda convertir en algo glorioso.

A medida que el ángel y el fantasma conversan, el fantasma con la lagartija presenta una excusa tras otra de por qué no quieren separarse. No obstante, el ángel insiste en la oferta hasta que por fin el fantasma cae en cuenta de lo miserable que lo ha hecho el control del pecado que el reptil ha ejercido sobre él. Así que el fantasma le pide al ángel que remueva la lagartija, para destruir el poder que ejerce sobre él, lo cual el ángel procede a hacer. El dolor se siente agonizante e insoportable en el momento, pero entonces sucede una poderosa transformación. El fantasma de pronto se solidifica y se convierte en un hombre; y los restos de la lagartija se convierten en un hermoso caballo lleno de brío con una crin de oro. El hombre, quien es ahora libre de la lagartija y del poder atormentador del pecado, sube al caballo y cabalga hacia el cielo "como una estrella fugaz".[1]

"¿Quiere ser sano?". Insiste Jesús en preguntar. Y contenidas dentro de sus palabras también encontramos otras invitaciones a la vida abundante que Dios quiere darnos por medio de su poder sanador:

> ¿Quiere hacer lo imposible?
>
> ¿Quiere vencer sus temores?
>
> ¿Quiere dejar de intentar —y fracasar— en sus propias fuerzas?
>
> ¿Quiere cumplir el propósito para el que Dios lo hizo?
>
> ¿Quiere caminar sobre el agua?
>
> ¿Quiere caminar por fe?

Entonces, ¡levántese! ¡Póngase de pie! ¡Párese! A través del poder de Jesucristo levántese y haga lo que no podía hacer antes en sus propias fuerzas; lo que ha fallado en hacer porque otros lo han abandonado o le han fallado; lo que no podía hacer antes porque al igual que el hombre de Betesda dependía de otros más de lo que dependía de Dios.

En Cristo las áreas de su fracaso anterior emergerán como las arenas de sus mayores éxitos. Donde una vez luchó y batalló, navegará y paseará. Donde una vez trabajó en vano por ganancia temporal, ahora servirá al Reino eterno de Dios con su propósito único por medio del poder del Espíritu Santo. No necesita dudar de la Diferencia que marca en este mundo porque sabe que Dios lo ha equipado para su justo propósito y hacer lo que jamás podría hacer por su cuenta. No necesita trabajar en vano y golpear su cabeza contra la pared porque no parece avanzar. No necesita agotarse por medio de tratar más fuerte o ejercer más fuerza.

> En Cristo las áreas de su fracaso anterior emergerán como las arenas de sus mayores éxitos.

Solo necesita rendir el control. Deje ir el pasado y dé un paso hacia su futuro. Levántese del piso y póngase de pie. Quizá yo nunca lo conozca a usted en persona, sepa su nombre o estreche su mano, pero en este momento, a medida que lee las palabras de esta página, declaro de manera profética que:

¡Usted hará lo que no podía hacer antes!
¡Su parálisis termina aquí y ahora, para siempre!

No solo nunca volverá a estar paralizado, sino que desde este momento en adelante:

Usted y su familia verán lo que no podían ver antes.
Usted y su familia lograrán lo que no podían lograr antes.
Usted y su familia llevarán a cabo lo que no podían llevar a cabo antes.
Usted y su familia ocuparán el lugar que no podían ocupar antes.
Usted y su familia conquistarán lo que no podían conquistar antes.

Levántese y sea más de lo que alguna vez podría ser en su propio poder:

Levántese y sea santo (1 Pedro 1:16).
Levántese y sea uno (Juan 17:21).
Levántese y sea luz (Mateo 5:14).

Levántese y sea lleno del Espíritu Santo (Efesios 5:18).

Su parálisis ha terminado.

¡Su fe no será paralizada nunca más!

¡Su familia no será paralizada nunca más!

¡Su favor no será paralizado nunca más!

¡Sus hijos y sus nietos no serán paralizados!

Estimado lector, ¿quiere el poder de hacer lo que no podría hacer antes?

¡Usted es el próximo!

Capítulo ocho

USTED ES EL PRÓXIMO... EN TOMAR SU LECHO

No es solo de lo que hacemos, sino
también de lo que no hacemos, que
tendremos que rendir cuentas.
—Molière

O DIO MUDARME.

Como quizá ya haya adivinado, me gusta la iniciativa, la eficiencia y la organización en los demás y con toda certeza en mi propia vida. Mudarme de una casa a otra de manera inherente socava esas prácticas en muchos aspectos. Con mi calendario delante de mí, puedo escoger lo que entrará en mi agenda, cuando programarlo y qué declinar. Puedo orar y leer la Palabra y seguir la dirección de Dios con respecto a cómo priorizo mi tiempo al buscar ser un buen mayordomo y hacer lo que Él quiere cada día. Pero con mudarnos, en especial de un extremo del país al otro como lo hicimos cuando dejamos Pensilvania por California, demasiadas variables se salen de control. Mi esposa, Eva, y yo hacemos un equipo fantástico y ambos apreciamos lo bien que trabajamos juntos. Ella sabe que valoro la productividad y ella hace un asombroso trabajo al llevar a cabo lo planeado y mantener nuestra casa en una suave operación. Y aunque ambos comenzamos el proceso de una mudanza con un programa detallado, listas interminables y un arsenal de suministros para empacar, de manera inevitable sentimos que hemos perdido la batalla.

Nuestra última mudanza abarcó la distancia más corta, pero se sintió la más difícil. Es probable que esté envejeciendo y que tenga más "costumbres arraigadas" como mi padre solía decir de sí mismo, pero esta última vez me puse más impaciente con el proceso de mudanza.

Al inicio, comenzamos el proceso de purga y a decidir de cuántas cosas necesitábamos deshacernos: de todo, desde la ropa de bebé y los juguetes favoritos de nuestros hijos a esa máquina de batidos descompuesta que alguien nos regaló la Navidad del año pasado o ese cochecito de bebé que usamos hace décadas cuando nuestros hijos eran pequeños. Luego consideramos los libros y el equipo de acampar.

Tanto como intenté ser implacable con respecto a tirar cosas, regalar unas y guardar otras, batallé tanto como cualquiera con el alud de recuerdos vinculados con artículos específicos: un anuario de escuela media-superior, el traje que llevé cuando prediqué mi primer sermón, la charola de cristal —ahora rota— que recibimos de regalo de bodas de unos tíos amados. Si no tengo cuidado, empacar mi oficina en casa termina tomando el doble de tiempo que el planeado. Y entre más lento empaco, es más probable que guarde cosas que realmente no necesito guardar.

No solo quiero poseer menos pertenencias y organizar mi oficina en casa con mayor eficiencia; creo que la manera en que manejo las posesiones materiales refleja mi relación con Dios. Cuando quedo absorto por las cosas, encuentro que me es más fácil darle a las posesiones y a su adquisición más atención de la que le damos al Señor. Jamás convertiría en ídolos de manera intencional mis numerosos pares de zapatillas deportivas, o un nuevo juego de palos de golf o un reloj de buceo suizo, pero cuando toman espacio dentro de mí que quiero que Dios y solo Dios ocupe, bueno pues: "Houston, tenemos un problema".

Por favor no me mal entienda; no digo que tener o disfrutar posesiones hace que un hombre sea menos espiritual. Todo lo bueno proviene de Dios, y Él nos bendice a la mayoría con una abundancia de todo lo que necesitamos y más. Es simplemente que no quiero depender de nada a lo cual darle mi alma excepto al Espíritu del Dios viviente. No quiero aferrarme a ningún objeto que evite que dé un paso de fe cuando escuche la voz de Jesús decir: "Levántate, toma tu lecho, y anda".

RECUERDOS DEL SUFRIMIENTO

Me pregunto por cuanto tiempo el hombre recostado allí junto al estanque de Betesda había cargado su lecho. Juan 5:5 nos dice que había estado paralítico durante treinta y ocho años, así que me imagino que había estado cargando ese mismo lecho durante ese tiempo. No me sorprendería si, empobrecido y sin quién cuidara de él a lo largo de toda su vida, no había arrastrado ese mismo lecho como un objeto transicional, una cobijita semejante a la que Linus lleva en sus interacciones con Snoopy y Charlie Brown en las caricaturas de *Peanuts*.

Después de cuarenta años, el lecho de ese hombre habría estado andrajoso y deshilachado, sucio y polvoriento. Quizá odiaba su lecho, al considerarlo una necesidad como un símbolo de su propio padecimiento que requería un colchón al reclinarse en el piso durante casi todo el día. Pero quizá también lo amaba, al pensar de él como un recuerdo del sufrimiento que soportó durante la mayor parte de su vida, un consuelo familiar para suavizar la incomodidad y el desánimo de su enfermedad.

Todos tenemos nuestros lechos, ¿no es así? Esas posesiones, *souvenirs*, recordatorios y restos de nuestras pruebas y trastornos. En muchos casos nos aferramos a ellos porque nos han dado identidad delante de nosotros mismos y los demás durante varios años de nuestra vida. La cicatriz de la cirugía de la niñez que nos dejó sintiéndonos conscientes de nosotros mismos e inseguros. El bastón o la andadera que necesitamos que nos asista en nuestras ambiciones deambulatorias de un lugar a otro. El analgésico que nos ayudó a soportar el sufrimiento insoportable de nuestra propia cirugía después del accidente, medicamento del que hemos llegado a depender mucho después de la sanidad de nuestro cuerpo.

Muchas personas crean un lecho a partir de los artículos y

los objetos que los ayudan a compensar sus inseguridades o debilidades personales. Conozco a muchas personas que viven en mansiones y que conducen hermosos coches de lujo quienes crecieron entre las garras de la privación. Juraron que un día se escaparían de la parálisis de su pobreza y nunca volver a conocer los dolores del hambre o pasar por la vergüenza de no tener una casa, así que acumularon dinero y posesiones finas a semejanza de su lecho: objetos transicionales que los aíslan del dolor del pasado.

Otras personas se aferran a lechos de su propia elaboración que simbolizan su éxito y valor propio. Para algunos podría ser joyería, un Rolex o pendientes de diamantes; para otros podría ser ropa de diseñador o una bolsa Louis Vuitton. Sin importar los objetos, las personas los llevan consigo adondequiera que van, para recordarles a otros quiénes son; o quiénes quieren que los demás *piensen* que son. Este tipo de lecho podría sentirse como su objeto transicional, pero otros con frecuencia ven estos artículos como "objetos de inseguridad": indicadores de estatus utilizados para compensar las dudas propias y las inseguridades.

¡Incluso no tener un lecho podría convertirse en un tipo de lecho! En fechas recientes he quedado fascinado por la manera en que no tener muchas cosas se ha vuelto una medalla de honor para algunas personas. Todo un movimiento, conocido como minimalismo, se ha dedicado a eliminar el desorden y a editar las posesiones a lo mínimo indispensable. Esta tendencia hacia eliminar y recortar nuestras posesiones continúa emergiendo en línea, en especial en redes sociales, podcasts populares, blogs personales y sitios de estilo de vida. *La magia del orden* de Marie Kondo, publicado por primera vez en Japón en 2011 y en inglés y en español entre 2013 y 2014, todavía aparece en las listas de libros de mayor venta, ha vendido millones de ejemplares y ha generado numerosos libros similares y gurús de estilo de vida.

Quizá tiene sentido que el minimalismo se ofrezca como un tipo de antídoto al veneno de la parálisis de prosperidad que con frecuencia aqueja a millones de personas. Cuando considera la cantidad de bodegas y sitios de almacenamiento que surgen de continuo a lo largo del país, es probable que el minimalismo busque impulsar el péndulo en la dirección opuesta. De hecho, en un artículo reciente en una revista del periódico *The New York Times*, el escritor Kyle Chayka explica: "Parte filosofía pop, parte estética, el minimalismo presenta un curalotodo para cierto sentimiento de exceso capitalista".[1]

Pero en muchas maneras el minimalismo parece ser de manera irónica tan novedoso como coleccionar bolsos de diseñador. Algunas personas no parecen interesadas en dejar ir sus cosas tanto como quieren estar en el centro de la última tendencia moderna en nuestra cultura en este momento. El año pasado todos tenían una casa enorme; este año todos quieren reducir el tamaño a una morada diminuta amigable con el ambiente. Sin embargo, esto todavía cuenta como seguir modas en lugar de a Jesús.

Quizá hayan dejado ir su lecho y lo hayan vendido en una venta de jardín, ¡pero ahora, el hecho de que no tienen un lecho se ha convertido en su lecho! Se enorgullecen porque se consideran tan geniales como algunas personas y más geniales que otras. Su identidad está supeditada a la ausencia de posesiones en su vida, no a su acumulación. Cualquier cosa que permitamos que estorbe en nuestra relación con Dios se convierte en un ídolo, y los ídolos suelen crecer hasta convertirse en adicciones.

Los ídolos y las adicciones no necesariamente dependen de objetos tangibles o materiales. Muchas personas que no parecen tener un lecho físico que llevan por ahí, con frecuencia se abrazan de un lecho invisible tejido con los hilos de sus propias actitudes, emociones, inseguridades y privilegios. Sus crisis pasadas, heridas, traumas y cicatrices se acumulan en un lecho tan único y distintivo como nuestras huellas dactilares individuales. En lugar de responsabilizarse por sus decisiones, estos lechos se convierten en una trampa de pegamento para las excusas, las justificaciones y los huecos personales que han creado para sí mismos.

TAPETE DE BIENVENIDA O CAMPO MINADO

Como tercera generación de inmigrantes latinos de clase media en los suburbios de clase obrera de lo que fue el Cinturón de Acero, fui testigo de cómo muchas personas transformaron el dolor del prejuicio y la herida por la injusticia en su lecho personal. Los lechos de enojo, ansiedad y ensimismamiento se encuentran reprimidos justo debajo de la superficie. Ellos utilizan su lecho tanto en forma de escudo como de espada, como máscara y espejo, como tapete de bienvenida y campo minado, para defender y sostener su propia parálisis de manera constante.

Como yo mismo tuve que enfrentar matones y discriminación, conozco la tentación de convertirse en una víctima con base en su perfil demográfico. Quizá usted no se vea como una víctima, pero utiliza su estatus como un comodín en el juego de la vida. Gracias a que nuestra cultura genera todo tipo de estereotipos a partir de cosas como género, raza, origen étnico, estatus económico y nivel educativo, usted intenta utilizar las percepciones de los demás a su favor, con lo que sin darse cuenta perpetua el mismo estereotipo que desprecia.

Algunas veces el lecho que debemos levantar va hasta el corazón de nuestra identidad. Como ya hemos discutido, podemos sentirnos tentados a aferrarnos a nuestro pasado, a etiquetas falsas con base en lo que otros piensan de nosotros o quienes quieren que seamos. Con facilidad permanecemos en nuestra parálisis y abrazamos nuestros lechos como un tipo de objeto transicional.

Pero si tenemos la intención de avanzar a lo que Dios tiene para nosotros, debemos aprender a viajar ligeros. Debemos dejar ir viejas lealtades que ya no nos sirven. Debemos abrazar la jornada de fe que Dios nos pide que emprendamos.

> **Conozco la tentación de convertirse en una víctima con base en su perfil demográfico. Quizá usted no se vea como una víctima, pero utiliza su estatus como un comodín en el juego de la vida.**

Me intriga una residente temporal llamada por Dios a caminar en una dirección distinta: Rahab, la ramera, cuyo legado de fidelidad con el tiempo la incluyó en el linaje de Jesucristo. Incluso la manera en que la Escritura se refiere a ella denota quien solía ser antes de rendirse a Dios y escoger servirlo. Rahab contempló la alternativa entre la complacencia pasada que enfrentaba la destrucción y un nuevo futuro propulsado enteramente por la fe. Como los israelitas se preparaban para conquistar Jericó, la ciudad en que vivía Rahab, no tuvo tiempo de deliberar.

Josué hijo de Nun envió desde Sitim dos espías secretamente, diciéndoles: Andad, reconoced la tierra, y a Jericó. Y ellos fueron, y entraron en casa de una ramera que se llamaba Rahab, y posaron allí. Y fue dado aviso al rey de Jericó, diciendo: He aquí que hombres de los hijos de Israel han venido aquí esta noche para espiar la tierra.

Entonces el rey de Jericó envió a decir a Rahab: Saca a los hombres que han venido a ti, y han entrado a tu casa; porque han venido para espiar toda la tierra. Pero la mujer había tomado a los dos hombres y los había escondido; y dijo: Es verdad que unos hombres vinieron a mí, pero no supe de dónde eran. Y cuando se iba a cerrar la puerta, siendo ya oscuro, esos hombres se salieron, y no sé a dónde han ido; seguidlos aprisa, y los alcanzaréis.

Mas ella los había hecho subir al terrado, y los había escondido entre los manojos de lino que tenía puestos en el terrado. Y los hombres fueron tras ellos por el camino del Jordán, hasta los vados; y la puerta fue cerrada después que salieron los perseguidores.

—Josué 2:1-7

Valentía en un cordón de grana

En una escena dramática sacada de nuestro programa de espías o película de espionaje predilectos, Rahab actuó de manera rápida y decisiva. En cuestión de unos instantes Rahab tenía que decidir si confiaría en estos forasteros quienes afirmaban que conquistarían y destruirían su ciudad natal. Astuta y entendida, Rahab hizo un trato: los ayudaría siempre y cuando la salvaran a ella y a su familia durante el sitio (vv. 12-13). Ella reconoció que había escuchado acerca de ellos y de su Dios, de cómo los había liberado de Egipto y que partió el mar para que escaparan del ejército de Faraón.

Pero no debemos ignorar que lo que motivó a Rahab para hacer este trato era algo más que la autopreservación. Ella básicamente traicionó a sus amigos, vecinos y clientes. Escogió poner su fe en el Dios de los hebreos más que en los ídolos que eran adorados en Jericó. Decidió renunciar a su profesión e irse con extraños de los que tendría que depender para su supervivencia y la de su familia. ¡En otras palabras, Rahab demostró una valentía sin paralelo al recoger su lecho!

También, por favor, no pierda de vista que Dios eligió a Rahab justo como nos escoge a todos y cada uno de nosotros para que su gloria y poder brille a través nuestro a medida que impactamos y hacemos avanzar su Reino. De todos los individuos hacia quienes podría haber guiado a sus espías, Dios escogió a una ramera. Podía haber escogido a un hombre acaudalado, a un niño inocente o a una dama honrada de una familia poderosa. Dios podría haber escogido un soldado, un carpintero, un comerciante, un maestro, incluso al rey de Jericó. En lugar de ello Dios escogió a una mujer que la mayoría de las personas menospreciaban y despreciaban.

La Biblia no solo la identifica como alguien que había sido una prostituta en el pasado, sino que hace equivalente su nombre con su profesión. Ella todavía trabajaba como ramera —les permitía a los hombres que la trataran como un objeto, que usaran su cuerpo y le pagaran dinero— cuando dirigió a los espías a esconderse en su casa. Y esta mujer no judía —sin duda despreciada por muchos judíos de la época— engañó a los soldados del rey con el fin de salvarles la vida a estos extraños y hacer avanzar sus planes de dominio.

Me encanta la manera en que Dios le dio a Rahab la alternativa, justo como Jesús le presentó una opción al hombre de Betesda: ¿quieres ser sano? Y en lugar de tomar su lecho, Rahab tomó el cordón de grana que los espías le habían instruido que colgara de su ventana como una señal para conservarle la vida a su familia durante el ataque israelita (v. 18). Ya no sería quien había sido, en el momento que colgó ese cordón de grana de la ventana de su casa, Rahab decidió caminar por fe hacia su futuro.

Gracias a su fe, esta, la más baja de lo más bajo, una ramera no judía, recibió la bendición del Señor. Dios vio su futuro, no su pasado. Vio su corazón, no su reputación. Le ofreció la opción de la vida contra la muerte. Como muchos de los que se encontraban en desventaja dentro de las páginas de la Biblia, Rahab nos recuerda que no importa quiénes seamos o lo que hayamos hecho, si confiamos en Él, Dios nos salvará. Nos sanará y empoderará para dejar ir los lechos que solíamos usar y en lugar de ello seguirlo por fe.

De la muleta a la cruz

Rahab también nos recuerda que incluso cuando nuestra reputación pasada todavía nos sigue, podemos ser redimidos y usados por Dios. Ella pasó de ser alguien que la mayoría aborrecía a una heroína elogiada en las páginas de la Palabra de Dios. Su pasado estilo de vida, aunque todavía era parte de cómo la veían otros y la identificaban, no evitó que se convirtiera en quién Dios creó. Porque en la genealogía de Jesús al inicio de su evangelio, Mateo identifica a Rahab como la esposa de Salmón y la madre de Booz. Y Booz, como usted recordará, se casó con otra sorprendente mujer de fe: Rut.

Lo curioso, es que las otras dos referencias a Rahab en el Nuevo Testamento incluyen su antiguo identificador.

> Por la fe Rahab la ramera no pereció juntamente con los desobedientes, habiendo recibido a los espías en paz.
> —Hebreos 11:31

> Asimismo también Rahab la ramera, ¿no fue justificada por obras, cuando recibió a los mensajeros y los envió por otro camino?
> —Santiago 2:25

Incluso para los escritores de la Escritura la antigua etiqueta que una vez tuvo Rahab en Jericó seguía pegada a ella como chicle en un zapato. Pero no creo que Pablo ni Santiago la identificaran de esta manera por descuido o falta de respeto a ella o a otras mujeres. Estoy convencido de que se referían a ella como ramera para destacar el contraste entre quién había sido ella y en quién se convirtió al seguir a Dios. Rahab se convirtió en un trofeo de la gracia de Dios ya que utilizó su debilidad para manifestar su fuerza.

> **A Dios le encanta hacer pedazos los estereotipos y poner de cabeza nuestras expectativas.**

Su legado hace recordar las palabras de Pablo cuando batallaba con un "aguijón en mi carne" (2 Corintios 12:7).

> Respecto a lo cual tres veces he rogado al Señor, que lo quite de mí. Y me ha dicho: Bástate mi gracia; porque mi poder se perfecciona en la debilidad. Por tanto, de buena gana me gloriaré más bien en mis debilidades, para que repose sobre mí el poder de Cristo. Por lo cual, por amor a Cristo me gozo en las debilidades, en afrentas, en necesidades, en persecuciones, en angustias; porque cuando soy débil, entonces soy fuerte.
>
> —2 Corintios 12:8-10

A Dios le encanta hacer pedazos los estereotipos y poner de cabeza nuestras expectativas. Como hemos visto con tantas personas en la Biblia —Abraham, Jacob, Gedeón, Rahab, Pablo y el paralítico de Betesda— el Señor se deleita en permitir que su luz eterna brille a través de las rendijas provocadas por nuestro quebrantamiento. Sentirnos paralizados y hechos añicos por las circunstancias puede hacernos sentir inadecuados para ser usados por Dios. ¡Pero nada de lo que hemos hecho o podamos hacer nos descalifica del amor, la gracia y el poder que tenemos en Jesucristo!

Cuando tomamos nuestro lecho, demostramos nuestra fe que a pesar de quienes éramos, a pesar de lo que otros piensan que todavía somos, a pesar de nuestros propios temores e inseguridades, ya no nos revolcaremos en nuestro pasado. ¡En lugar de ello, nos levantaremos y caminaremos fuertes en el Señor! Nuestros lechos que una vez considerábamos recuerdos de nuestro sufrimiento se han convertido en trofeos de gracia, que les permiten a otros ver a Dios hacer lo imposible. Las muletas a las que una vez nos aferramos ahora se han convertido en cruces que llevamos a medida que nos volvemos más como Cristo. A través del poder de su Espíritu caminamos en rectitud con fuerza y en un propósito divino a cumplir.

Ya no estamos quebrantados; ¡somos restaurados!
Ya no somos rameras; ¡somos preciosos!
Ya no somos mercenarios; ¡somos portadores de misericordia!
Ya no somos inválidos; ¡somos invencibles!

SU LECHO, UNA OBRA DE ARTE DIVINA

Me doy cuenta de que es raro de que le sea fácil tomar su lecho y rehusarse a depender de él como solía. Tomar su lecho significa recoger el desastre que dejamos y enfrentar las consecuencias de decisiones pasadas. Significa hacerse responsable de su vida en lugar de culpar a otros o esperar que alguien lo ayude en la manera en que siempre ha deseado. ¡Si queremos que Dios transforme nuestros lechos en obras de arte, debemos dominar las piezas!

Al ponerse de pie y considerar su jornada de fe, quizá seamos tentados pensar: "¡Si lo tomo y comienzo a caminar, los que me conocieron antes quizá reconozcan el lecho y supongan que un día volveré a él! Si lo llevo conmigo mientras camino, entonces me sentiré tentado a echarlo al piso y dejarme caer de nuevo. Tan difícil como sea imaginarlo, podría cansarme de caminar tanto que anhele los días en los que estaba paralizado y podía echar mi lecho y recostarme en el piso". Al igual que el pueblo de Israel cuando fue liberado de Egipto quienes odiaban deambular por el desierto al ir en pos de la Tierra Prometida, nos podríamos sentir tan incómodos de depender del poder de Dios y no del propio que nos quejemos y queramos volver.

Estimado lector, todos debemos aprender a hacer una cosa: ¡tomar nuestro lecho! Cuando usted toma su lecho, le dice al cielo y al infierno y a las personas en la Tierra que ya no vive en el pasado.

Cuando toma su lecho, trae cierre al capítulo de parálisis en su vida. Cuando toma su lecho, dice que ya no necesita esta camilla de parálisis. Al igual que la basura que es desechada de su unidad de almacenamiento espiritual, ¡ya no es necesario guardarla!

> **Cuando usted toma su lecho, le dice al cielo y al infierno y a las personas en la Tierra que ya no vive en el pasado.**

Cuando toma su lecho, usted dice: "Ya no soy inválido. Ya no estoy paralizado. Ya no estoy atrapado por mis circunstancias. Eso ya no me define ni me describe. No voy a vivir allí, y no voy a volver jamás". En lugar de ello llevamos la vestidura de alabanza formada por la celebración de nuestra sanidad. Nos gozamos en la revelación de nuestra redención, el cumplimiento de la promesa que Dios nos hace en su Palabra: "Esto significa que todo el que pertenece a Cristo se ha convertido en una persona nueva. La vida antigua ha pasado; ¡una nueva vida ha comenzado!" (2 Corintios 5:17, NTV).

Jesús nos pregunta si queremos ser sanos. Entonces nos pide que nos levantemos, tomemos nuestro lecho y que andemos. Mientras que de forma instantánea recibimos libertad, salvación y restauración, comenzamos una jornada de andar no por vista, sino por fe, no en nuestro propio poder sino en el poder del Espíritu Santo dentro nuestro. Todavía no hemos logrado la perfección como Cristo ni hemos completado nuestro tiempo aquí en la Tierra.

Tenemos un trabajo que hacer, un propósito divino que cumplir y una carrera para correr hacia la recompensa eterna que nos espera con Dios en el cielo. Muchas veces vemos que Pablo describe su jornada de fe como un proceso en su carta a otros creyentes: "Hermanos, no digo que yo mismo ya lo haya alcanzado; lo que sí hago es olvidarme de lo que queda atrás y esforzarme por alcanzar lo que está delante" (Filipenses 3:13, DHH).

Cuando toma su lecho, comienza un nuevo capítulo de su vida, una nueva temporada de salvación una nueva jornada de júbilo. De pie y al andar por fe habiendo tomado su lecho y habiéndolo puesto a un lado, le da la señal al mundo y a todos a su alrededor de que usted sigue a Jesús. Ya no se aferra al pasado, sino que enfrenta el presente en la presencia de Dios, y que confía en Él para el cumplimiento de su futuro.

Cuando toma su lecho y comienza a andar en el poder del Espíritu, usted le envía un mensaje telegráfico a cada diablo, demonio, legión, principado y poder de las tinieblas que ya no tienen nada que reclamarle. ¡Usted ha sido liberado por el poder de Jesucristo! Ya no vive dentro de sus prisiones de parálisis.

Ya no vive en depresión.

Ya no vive en fracaso.

Ya no vive en amargura.

Ya no vive en ansiedad.

Ya no vive en contienda.

Ya no vive en caos.

¿Cómo puede estar seguro de que ya no vive allí? ¿Cómo puede rehusarse a voltear y ver atrás como la mujer de Lot y en lugar de ello abrazar su nueva identidad como Gedeón, Pablo, Rut y tantos otros? ¿Cómo puede saber que ha llegado el tiempo de tomar su lecho y rendirlo al pie de la cruz? ¿Cómo puede vivir en la certeza de que nunca regresará a vivir una vida de parálisis donde alguna vez estuvo?

¡La sangre de Cristo dice que usted ya no vive allí!

¡El Espíritu de Dios dice que usted ya no vive allí!

¡La Palabra de Dios dice que usted ya no vive allí!

¡Ya no es quien solía ser!

¡Estaba paralizado, pero ahora puede caminar!

¡Estaba perdido, pero ahora ha sido hallado!

¡Estaba atado, pero ahora es libre!

Atraviese esa puerta

Algunas personas han sido creyentes por tanto tiempo que actúan como si nunca hubieran tenido un lecho. Quizá hayan olvidado lo que se sentía tener un lecho, o quizá se rehúsen a reconocer su parálisis previa. Tratan de comportarse como si no hubieran pasado por nada complicado, sucio, quebrantado o golpeado, lo cual básicamente significa que ¡tratan de actuar como si nunca hubieran experimentado la vida real!

Otros intentan seguir a Jesús, pero todavía empacan sus lechos a sus espaldas como un colchón viejo. Saben que el Espíritu Santo mora dentro de ellos y que Jesús los ha sanado de su parálisis; sin embargo, continúan aferrados a restos de su pasado, y permiten que el viejo bagaje reduzca la velocidad de su avance. Su lecho podría ser una batalla continua por perdonar a alguien que los ha ofendido o traicionado. Quizá sean sentimientos de vergüenza o culpa por alguien a quien hirieron o traicionaron.

Sin importar si lucha con la tentación de aparentar que nunca tuvo un lecho o si todavía lo lleva a sus espaldas, debe reconocerlo, tomarlo y ponerlo a un lado. La Biblia nos recuerda: "Por tanto, nosotros también, teniendo en derredor nuestro tan grande nube de testigos, despojémonos de todo peso y del pecado que nos asedia, y corramos con paciencia la carrera que tenemos por delante" (Hebreos 12:1). Permítale a Dios transformar su muleta en una cruz.

A la luz de la abundancia de bendiciones, frente a tan enorme sanidad, en consideración de todo lo que Cristo ha hecho por usted, la alabanza se vuelve la única respuesta apropiada. ¡Debe celebrar su nuevo estatus con alabanza y acción de gracias, cantando alegres con música de adoración adecuada para el Rey! Como puede ver, la alabanza expresa acción de gracias. Estoy convencido de que el tamaño de su alabanza se correlaciona directamente con la magnitud del infierno por el que pasó para llegar aquí ahora. Las alturas de su alabanza se relacionan de manera directa con las profundidades del foso de dónde lo tomó Dios. La dulzura de su alabanza corresponde de forma directa con la amargura de la tormenta de la que lo rescató.

¡Usted dimensiona el tamaño de su alabanza conforme a su parálisis del pasado!

Tome su lecho y ande como le manda Jesús. Obedezca a su Maestro y honre a su Salvador por medio de su amorosa respuesta al sacrificio realizado a su favor. Ande por fe no por vista (2 Corintios 5:7). Ande en el Espíritu y no en la carne (Gálatas 5:16).

> **Estoy convencido de que el tamaño de su alabanza se correlaciona directamente con la magnitud del infierno por el que pasó para llegar aquí.**

No pierda tiempo. Ande en fe ahora.

En fechas recientes, recordé este imperativo de andar cuando fui de compras con Eva. Al acercarnos a la tienda ancla, vi a una dama que estaba frente a las puertas automáticas con una expresión confundida en el rostro. No sabía qué hacer.

Quizá usted haya tenido una experiencia similar. Se dirige a la tienda cuando de pronto se detiene y trata de dilucidar cómo entrar. Luego, antes de que pueda siquiera pensarlo, las puertas se abren solas. Quizá lo sorprenda porque pensaba en cómo podría abrir esas puertas usted mismo. O posiblemente se encuentre fuera de rango, y espera demasiado lejos como para provocar que se abran. Sin importar lo que suceda, simplemente tiene que atravesarlas. Están en espera de abrirse de par en par e invitarlo a entrar.

Estimado lector, en este momento usted debe atravesar la puerta que Dios ha abierto para usted. Quizá se haya esforzado y estirado para abrir las puertas de su futuro. O quizá se encuentre demorándose, todavía procesando la parálisis de la que acaba de ser liberado. ¡Estimado lector, usted había estado esperando que las puertas de su futuro se abrieran cuando Dios es quien ha estado esperando a que usted llegue! ¡Ha esperado todo este tiempo para que usted lo entienda, tome su lecho, deje ir quien solía ser y acepte ser quien Dios lo ha creado!

¡Su tiempo de caminar ha llegado!
Ya no tiene que yacer en el piso.
Ya no tiene que arrastrarse.
Ya no tiene que retorcerse en el dolor del pasado.
¡Ponga un pie delante del otro y ande!

Usted está delante de la puerta de las posibilidades, la puerta de la vida abundante que Jesús nos dijo que venía a traer. Usted está delante de la puerta que ha luchado por encontrar. Está delante de la puerta por la que ha vencido la parálisis para alcanzarla, la puerta por la que ha vencido los poderes del infierno que tiran de sus piernas y que tratan de derribarlo.

¡Pero nada lo podrá separar del amor de Jesucristo! ¡Nada!

Por lo cual estoy seguro de que ni la muerte, ni la vida, ni ángeles, ni principados, ni potestades, ni lo presente, ni lo por venir, ni lo alto, ni lo profundo, ni ninguna otra cosa creada nos podrá separar del amor de Dios, que es en Cristo Jesús Señor nuestro.

—ROMANOS 8:38-39

Levántese.
Tome su lecho.
Y comience a caminar.
Usted.
Es.
¡El próximo!

Capítulo nueve

USTED ES EL PRÓXIMO... EN RESPONDERLES A SUS CRÍTICOS

No permita que los cumplidos se le suban a la cabeza y no permita que la crítica llegue a su corazón.
—Lysa TerKeurst

DESPUÉS DE TOMAR su lecho y comenzar a caminar, algunas personas lo van a ovacionar. Otros se encogerán de hombros como si no les importara. Y algunos de hecho se molestarán.

Cuando mi ministerio comenzó a crecer junto con la influencia de la NHCLC, pronto descubrí el impacto que el veneno puede tener en un alma saludable. Esto sucedió hace varios años cuando las redes sociales eran nuevas. Siendo el fan tecnológico que soy, las abracé de inmediato como uno de los primeros en adoptarlas. La posibilidad de conectarme con tantas personas —tanto cristianas como no creyentes, y no solo en nuestro país, sino alrededor del mundo— me emocionó de una manera genuina. Así que ayudé a crear un sitio web para nuestra iglesia, para la NHCLC y para mí mismo. Me uní a Facebook, y con aprecio por el poder que el pensamiento conciso puede tener, también a Twitter.

Me tomó menos de un mes descubrir que a pesar de mi propio entusiasmo de forma inadvertida había pintado una diana en mi espalda. Mientras que cientos, y pronto miles, de personas me dejaban saber que los mensajes y la información brindada en línea los bendecía, otro par de docenas parecían poco impresionados o incluso furiosos. Con base en sus comentarios cáusticos, se podría pensar que había publicado las expresiones más viles y heréticas posibles.

A algunos no les gustó mi teología o la manera en que enfatizaba el papel del Espíritu Santo en nuestra relación personal con Dios. Otros cuestionaban mi sinceridad y me acusaban de hacerlo por dinero. ¡Uno incluso criticó mi traje en la fotografía de mi página biográfica! Al principio traté de responder de manera considerada y en oración a sus comentarios en una manera firme, pero amorosa, por medio de indicarles su error y redirigirlos a la Escritura. Esto indignó a la mitad de ellos que no podían creer que me hubiera atrevido a confrontarlos. Me respondieron con una negatividad mezquina que me impactó.

Pero rápido caí en cuenta del problema en sus respuestas. Ninguno de ellos parecía tener una base legítima para sus respuestas de crítica. Solo les gustaba encontrar a alguien a quien odiar. Disfrutaban expresarse para sentirse justificados en sus propias creencias. Como muchos críticos, se sentían bien por hacer sentir mal a los demás.

EL PRISMA DEL PODER DE DIOS

Esas publicaciones en redes sociales no fueron la primera vez que atraje críticas por mi fe cristiana, ni serán las últimas. Jesús nos dijo que como sus seguidores atraeríamos críticas de otras personas; de hecho, no solo crítica, sino odio. Cristo dijo: "Si el mundo os aborrece, sabed que a mí me ha aborrecido antes que a vosotros. Si fuerais del mundo, el mundo amaría lo suyo; pero porque no sois del mundo, antes yo os elegí del mundo, por eso el mundo os aborrece" (Juan 15:18-19).

Mientras que les decía estas palabras a sus discípulos Jesús con la misma facilidad se las podría haber dicho al hombre que fue sanado allí junto al estanque de Betesda. Porque después de que el hombre comenzó a caminar, el solo hecho de su milagro hizo que otros se sintieran incómodos.

> Y al instante aquel hombre fue sanado, y tomó su lecho, y anduvo. Y era día de reposo aquel día. Entonces los judíos dijeron a aquel que había sido sanado: Es día de reposo; no te es lícito llevar tu lecho.
>
> El les respondió: El que me sanó, él mismo me dijo: Toma tu lecho y anda.

Entonces le preguntaron: ¿Quién es el que te dijo: Toma tu lecho y anda?

Y el que había sido sanado no sabía quién fuese, porque Jesús se había apartado de la gente que estaba en aquel lugar. Después le halló Jesús en el templo, y le dijo: Mira, has sido sanado; no peques más, para que no te venga alguna cosa peor.

El hombre se fue, y dio aviso a los judíos, que Jesús era el que le había sanado.

—JUAN 5:9-15

No pierda de vista el lugar y el momento en el que nos encontramos. El estanque de Betesda, ubicado cerca de la Puerta de las Ovejas (v. 2), brindaba un lugar para limpiarse antes de entrar al templo en Jerusalén. El versículo 1 nos dice que Jesús había viajado a la ciudad para una de las fiestas judías.

La Biblia no nos dice cuál fiesta o celebración específica, pero suponemos que es probable que fuera una de tres: la Fiesta de los Panes sin Levadura (Pascua), que se celebraba a principios de la primavera; la Fiesta de las Semanas (Pentecostés), que se celebraba a finales de la primavera; o la Fiesta de los Tabernáculos, un festival al inicio del otoño. Los judíos tenían la obligación de visitar el templo en Jerusalén para estas tres fiestas conforme a las instrucciones de Dios en Deuteronomio 16:16-17, así que Jesús viajó allí en conformidad a ello.

Sospecho que conocer la fiesta en particular no importa tanto como simplemente ubicar la escena en un tiempo de fiesta. Multitudes de personas podrían haber estado de visita en el templo, así como muchos fuereños. Es probable que pudiese haber incluso más peregrinos de visita en el estanque de Betesda que lo normal con la esperanza de recibir un milagro después de que el ángel agitara las aguas. Esto podría explicar por qué el hombre no parecía alarmado por la presencia de Jesús. Quizá lo vio como un turista que estaba de visita para desempeñar su deber religioso como miles de otros.

Para los líderes judíos el ajetreado tiempo de la fiesta requería su presencia con toda intensidad. No solo necesitaban oficiar y supervisar la fiesta, sino que también era probable que quisieran hacer un contraste muy claro entre su justicia y la inmundicia del asistente típico al templo.

Lo cual no es meramente una especulación; con frecuencia veo esta motivación en los encuentros de la jerarquía religiosa judía con Jesús. Los fariseos, los saduceos y otros líderes religiosos establecidos de la época de Jesús se enorgullecían de su superioridad. Estaban apartados de la persona promedio porque Dios los había llamado y escogido para servirlo en su templo.

No obstante, su estatus se convertía en un problema cuando dejaban de hacer brillar la justicia de Dios por medio de sus palabras y acciones y en lugar de ello atraían la atención de vuelta a ellos mismos. En lugar de servir como prismas del poder de Dios, se quedaban paralizados por medio de verse en el espejo del mérito.

FRICCIÓN DE FE

Al enfrentar tales muestras egoístas como las que presentaban los líderes religiosos judíos de su época, Cristo rápidamente señaló el problema. No hay otro lugar donde encontremos un contraste más agudo que el que vemos en esta descripción.

> Luego Jesús contó la siguiente historia a algunos que tenían mucha confianza en su propia rectitud y despreciaban a los demás: "Dos hombres fueron al templo a orar. Uno era fariseo, y el otro era un despreciado cobrador de

impuestos. El fariseo, de pie, apartado de los demás, hizo la siguiente oración: "Te agradezco, Dios, que no soy un pecador como todos los demás. Pues no engaño, no peco y no cometo adulterio. ¡Para nada soy como ese cobrador de impuestos! Ayuno dos veces a la semana y te doy el diezmo de mis ingresos".

"En cambio, el cobrador de impuestos se quedó a la distancia y ni siquiera se atrevía a levantar la mirada al cielo mientras oraba, sino que golpeó su pecho en señal de dolor mientras decía: "Oh Dios, ten compasión de mí, porque soy un pecador". Les digo que fue este pecador —y no el fariseo— quien regresó a su casa justificado delante de Dios. Pues los que se exaltan a sí mismos serán humillados, y los que se humillan serán exaltados".

—Lucas 18:9-14, NTV

¿Podría imaginarse la audacia de su pastor al señalar su superioridad en comparación con un miembro de la congregación? Porque Jesús básicamente describió ese tipo de escena aquí; ¡y qué diferencia en las dos oraciones que hicieron estos hombres! El fariseo se puso de pie al frente y oró en voz alta para que todos lo escucharan decir básicamente: "Gracias, Señor, que no soy como estos repugnantes pecadores que veo en todos lados; ¡en especial ese cobrador de impuestos que está allá! Te obedezco y hago todo bien, como se evidencia en la frecuencia con la que ayuno y cuánto dinero doy". El cobrador de impuestos, por otro lado, mantenía su distancia de los demás, y veía hacia abajo con humildad y golpeaba su pecho con tristeza mientras susurraba: "Querido Dios, ¡por favor ten misericordia de mí porque soy un pecador!".

Ahora bien, me gustaría decir que este tipo de situación ya no sucede en el mundo moderno, tecnológicamente avanzado, culturalmente progresivo en el que vivimos hoy. Pero la naturaleza humana nunca cambia, y yo tengo que decir que algunas de las críticas más abrasivas, más egoístas que he recibido han provenido de personas en posiciones de poder y liderazgo. Al parecer sienten que solo pueden mantener su estatus por medio de denigrar a los demás.

Pero Jesús les volteó la mesa en ese instante, tal como lo hizo a lo largo de todo su ministerio. En la conclusión de su historia, Cristo dijo que el pecador, y no el fariseo, estaba bien con Dios. Y para asegurarse de que todos entendieran su punto, el Señor continuó y puso un signo de admiración en su mensaje al decir: "Pues los que se exaltan a sí mismos serán humillados, y los que se humillan serán exaltados" (Lucas 18:14, NTV).

Estimado lector, quizá sienta como si hubiera llegado tarde a la carrera a causa de su parálisis. Quizá crea que su fe nunca será tan fuerte como la de otros cristianos que conoce o que nunca podrá estudiar la Biblia y entenderla tan bien como los pastores y los líderes de su iglesia. Después de todo, usted ha tenido que tratar con esta parálisis debilitante la mayor parte de su vida. Tiene mucho bagaje. Viene del otro lado de las vías. Tiene una familia disfuncional. Y no creció yendo a la iglesia.

De pronto otros le recordarán estos puntos. Tratarán de descalificar su fe. "Usted no ha estudiado teología como yo", quizá digan. O: "He sido un creyente toda mi vida, mientras que usted solo ha sido cristiano unos meses". Sus palabras lo hacen sentir inferior, ya que implican que de alguna manera su relación con Dios nunca podrá ser tan especial, íntima y fuerte como la suya.

¡Pero eso simplemente no es cierto!

Como el Padre perfecto que es, Dios ama a todos sus hijos de manera única e incondicional. No tiene hijos predilectos. O más bien, conforme a la Escritura y si volvemos a lo que dijo Jesús, Dios favorece a los pecadores que se arrepienten de manera humilde y contristada de sus pecados, piden la misericordia de

Dios y reciben su gracia. La Biblia aclara que todos nosotros hemos pecado —¡cada ser humano que alguna vez haya respirado!— y que estamos destituidos de la gloria de Dios (Romanos 3:23). ¡Ninguno de nosotros alguna vez obtendremos dignidad por nuestros propios méritos! Nuestros mejores esfuerzos parecen trapos de inmundicia comparados con la justicia de nuestro santísimo Dios (Isaías 64:6).

Así que no importa si ha conocido a Jesús por treinta años o treinta días; Dios lo ama igual. Sea que provenga de un lote para remolques o de un residencial con vigilancia. Sea que sus padres hayan sido pastores o traficantes, Dios lo ama igual. Sea que nunca terminó la escuela media-superior o tiene un doctorado y es el director de la escuela media-superior, Dios lo ama igual.

Cada uno de nosotros ha pecado.

Cada uno de nosotros está paralizado.

¡Cada uno de nosotros necesita un encuentro de sanidad con Jesucristo!

Y una vez que hemos sentido la nueva vida circular por nuestro cuerpo, una vez que hemos tomado nuestro lecho, una vez que hemos puesto un pie delante del otro en nuestra jornada de fe, encontraremos resistencia. No importa quien sea, otros lo odiarán por amar a Jesús más de lo que ama la aprobación de ellos.

Por favor, no entre en choque, se sorprenda, alarme o decepcione cuando su vecino lo reprenda, su compañero de trabajo lo ignore o su amigo lo condene. De hecho, la Biblia nos dice que nos regocijemos en tales momentos porque prueban la aplicación en la vida real de nuestra fe. "Por lo cual, por amor a Cristo me gozo en las debilidades, en afrentas, en necesidades, en persecuciones, en angustias; porque cuando soy débil, entonces soy fuerte" (2 Corintios 12:10).

No importa quien sea, otros lo odiarán por amar a Jesús más de lo que ama la aprobación de ellos.

Hecho: los críticos lo criticarán. O como les gusta decir a mis hijos: "¡Los que odian lo van a odiar!". La resistencia de ellos no tiene poder para invalidar su milagro, ¡sino lo opuesto! Su crítica genera fricción que simplemente revela su fe y las chispas de la gloria de Dios en su vida.

LA BURRA NO ERA ARISCA

La mayoría de los críticos golpean como una serpiente: con lenguas bífidas llenas de veneno. Así como las serpientes hunden sus colmillos en nuestros tobillos, los críticos también apuntan bajo. A menudo de ser posible nos toman por sorpresa, con lo cual nos fuerzan a reaccionar en lugar de a responder. Me recuerda al viejo dicho mexicano: "La burra no era arisca, pero la hicieron", que nos advierte que deberíamos saber qué esperar después de haber sido golpeados por lo menos una vez.

Pero no todos los críticos buscan destruirnos ponzoñosamente; el diálogo crítico puede ser una parte vital de un intercambio de ideas serio. Todo depende de la motivación detrás de la crítica, la manera en que critican y el resultado que se pretende. Con base en mi experiencia, he identificado por lo menos tres categorías generales de críticos que solemos encontrar.

Críticos constructivos

Este primer grupo de críticos —y por mucho el más importante— tiene la intención de desafiarlo, ayudarlo y animarlo por medio de decirle lo que se necesita decir. Sus palabras podrían ser tan difíciles de escuchar como los comentarios hirientes hechos por los críticos de los otros grupos, pero los críticos constructivos solo quieren hacerlo más fuerte. La Escritura nos recuerda de manera consistente: "Hierro con hierro se aguza; y así el hombre aguza el rostro de su amigo" (Proverbios 27:17). Y: "Las heridas de un amigo sincero son mejores que muchos besos de un enemigo" (Proverbios 27:6, NTV).

Observe que se va hasta la motivación del crítico que hace el comentario. Un amigo sincero no lo denigrará solo para verse bien. No lo atacará solo porque sí, ni tratará de hacerlo ver ridículo. En lugar de ello, batallará con decirle la verdad porque sabe que lo herirá, pero como es un amigo verdadero, se siente compelido a decirle la verdad.

Sin importar lo incómodo que sea cuando un amigo comparte sus comentarios, sabe que dejar las cosas sin decir —o peor, decirle lo que usted quiere oír— en realidad no es amarlo bien. ¡Piense en el amigo que le señala un pedazo de espinaca que se le quedó atorado en un diente! Él se siente avergonzado e incómodo y no le gusta tener que decírselo. ¡Pero la alternativa de dejarlo salir del restaurante y pasar el resto del día con una sonrisa verde, parece mucho peor!

Cuando pienso en los críticos constructivos, me viene a la mente el profeta Natán y la manera en que manejó la tan difícil tarea de reprender a David por su aventura con Betsabé y su responsabilidad en la muerte de su marido, Urías. El Señor instó a Natán a confrontar a David, y el viejo profeta exhibió una genialidad absoluta por la manera en que se lo expresó. Como sabía que David por supuesto no quería escuchar lo que Natán le quería decir, el profeta, en lugar de ello, decidió contarle una historia al rey (2 Samuel 12).

La historia de Natán reveló el crimen que había cometido un hombre rico que tenía muchas ovejas y ganado en sus campos, en contra de un hombre pobre quien solo tenía una oveja a la que había tratado más como si fuera la mascota de la familia que el próximo plato del menú (vv. 2-3). Cuando vino un visitante, el hombre rico quiso mostrar su hospitalidad por medio de hacerle una comida a su invitado; solo que el anfitrión acaudalado se robo la ovejita del hombre pobre y la sirvió en lugar de escoger una de sus muchos rebaños.

De manera comprensible tal injusticia flagrante encolerizó a David y exigió conocer la identidad de este hombre rico irresponsable para que él, como rey, pudiera castigar el crimen del hombre. ¡Y entonces Natán apretó el dogal alrededor del cuello del mismo David! Era obvio que la historia de Natán sirvió de metáfora para describir con exactitud lo que había hecho David. Al escuchar la situación de boca de otro punto de vista más objetivo, David no pudo negar su pecado y pidió perdón a Dios.

Le pido a Dios que los críticos constructivos de su vida nunca tengan la necesidad de presentarle una historia así. Pero lo aliento a mantener sus oídos y su corazón abierto cuando —por favor, preste atención a esto— alguien que lo conoce y en quien confía comparte una crítica con la intención de edificarlo. Este tipo de crítica crucial hace eso con toda precisión: construye y lo edifica a pesar de que en el momento sienta como si su orgullo haya sido hecho pedazos.

Dele la bienvenida a la crítica de los amigos verdaderos y desarrolle una estrategia para tratar con todos los demás críticos. Las dos categorías siguientes de críticos hacen lo opuesto a edificarlo. Tienen la intención de acelerar su destrucción, hacerlo pedazos y aniquilarlo.

Críticos camuflados

Este segundo grupo de críticos puede ser el más peligroso. ¿Por qué? Porque es probable que no los identifique de inmediato como sus críticos. Estos "amigos" tienen la intención de dañarlo con sus lisonjas, palabras de ánimo y enseñanzas sin que usted se dé cuenta. Los críticos camuflados, al igual que los operativos militares de élite encubiertos, tienden a permanecer escondidos tanto como sea posible. Tienen su propia agenda y simplemente lo han atrapado en la red que han tejido.

La persona que traicionó a Jesús lo ejemplifica de una manera más poderosa que ningún otro. Pensamos en Judas como el traidor máximo; de hecho, usamos su nombre como sinónimo de *traidor*. Difícilmente podemos imaginarlo como uno de los amigos más cercanos de Jesús, uno de los doce discípulos seleccionados por Cristo para compartir sus tres años de ministerio público en la Tierra. El hecho de que Cristo, como Dios y hombre, ya sabía en su soberanía todo lo que sucedería solo complica más la relación entre Jesús y Judas Iscariote.

Y, no obstante, creo que Judas era más que un actor que seguía un libreto. Dios en su vasto e ilimitado poder podría haber cumplido la profecía antigua con respecto a la traición sufrida por el Mesías en otra manera si Judas hubiese tomado otra decisión. Pero como sabemos, Judas se abrió al maligno, quien entró en él e impulsó su maquinación para entregar a Jesús a los sumos sacerdotes y los funcionarios de la guardia del templo (Lucas 22:3-5). La Biblia no nos habla de otra motivación por parte de Judas para su traición, pero siendo humano, podemos imaginar cuál podría haber sido.

Quizá Judas se sintió celoso del poder, popularidad y pasión por Dios de Jesús. Judas podría haberse sentido atraído a los reflectores y finalmente quería toda la atención para sí. Es probable que nunca confió plenamente en Jesús y le agradaba la idea de ver al Maestro pasar la prueba máxima. También es posible que Judas se viera como un héroe, que salvaba al pueblo judío de ser timado por este carpintero que afirmaba ser el Hijo de Dios.

Otro motivo que podría haber empujado a Judas a darle a

Satanás punto de apoyo en su corazón podría haber sido la codicia. Otra referencia en la Escritura menciona que Judas era el discípulo a cargo del dinero (Juan 13:29). Y, por supuesto, el dinero al parecer tuvo que ver porque cuando los enemigos de Jesús le ofrecieron pagarle a Judas por entregarlo, él aceptó con gusto. El evangelio de Lucas nos dice: "Y éste fue y habló con los principales sacerdotes, y con los jefes de la guardia, de cómo se lo entregaría. Ellos se alegraron, y convinieron en darle dinero. Y él se comprometió, y buscaba una oportunidad para entregárselo a espaldas del pueblo" (Lucas 22:4-6).

La oportunidad, por supuesto, se presentó, después de que los discípulos habían comido la Pascua con Jesús. En esta reunión conocida como la Última Cena, Jesús partió el pan y sirvió el vino, para simbolizar su cuerpo y su sangre, y lo ofreció a sus discípulos como una manera futura de recordar su sacrificio por ellos y su compromiso con Dios. Durante la cena, Cristo les dijo a sus seguidores que uno de los doce lo traicionaría de manera inminente.

Incluso aunque el Maestro conocía claramente su maquinación, Judas no detuvo sus planes. Más tarde esa noche, Jesús tomó a algunos de sus discípulos para orar con Él en el huerto de Getsemaní, el lugar perfecto para capturar a Jesús. Lo más probable es que las familias estaban reunidas para su cena de Pascua, así que muy pocas personas estarían fuera tan tarde por la noche. No habría testigos que pudieran protestar o dar testimonio acerca de los cargos falsos por los que los líderes religiosos lo arrestaron.

Judas no perdió tiempo en cometer el mayor error de su vida. El Evangelio según Lucas continúa diciendo: "Mientras él aún hablaba, se presentó una turba; y el que se llamaba Judas, uno de los doce, iba al frente de ellos; y se acercó hasta Jesús para besarle. Entonces Jesús le dijo: Judas, ¿con un beso entregas al Hijo del Hombre?" (vv. 47-48).

La pregunta de Jesús me parece muy similar a la pregunta que le hizo el Señor al hombre de Betesda: "¿Quieres ser sano?" (Juan 5:6). Básicamente Jesús hizo otra pregunta con una respuesta tan obvia que parecía de naturaleza retórica. A pesar de que sabía muy bien que Judas planeaba traicionarlo con un beso, Jesús todavía le dirigió esta pregunta de manera directa a su discípulo. Aunque no lo podemos saber con seguridad, sospecho que la razón tenía que ver con la responsabilidad. Lo veo como un caso en el que Jesús básicamente dijo: "Judas, te das cuenta de lo que haces aquí, ¿verdad? Sin duda, si me saludas con un beso, estos guardias romanos me arrestarán".

En una escala mucho más pequeña, la situación me recuerda de cuando mis hijos eran chicos. Eva o yo podríamos atrapar a uno a punto de hacer algo que se les había prohibido, digamos saltar desde el respaldo del sofá o meterle el dedo a la torta en la encimera de la cocina antes de la cena, y les diríamos algo como: "Te das cuenta de que si sigues adelante y haces lo que estás a punto de hacer habrá consecuencias, ¿verdad?".

En estos momentos, Jesús nos recuerda que todos los críticos camuflados por fin serán revelados. Como quizá ya sepa, la historia de Judas no tiene un final feliz, ya que enfrentó las insoportables consecuencias de sus acciones.

> Entonces Judas, el que le había entregado, viendo que era condenado, devolvió arrepentido las treinta piezas de plata a los principales sacerdotes y a los ancianos, diciendo: Yo he pecado entregando sangre inocente. Mas ellos dijeron: ¿Qué nos importa a nosotros? ¡Allá tú! Y arrojando las piezas de plata en el templo, salió, y fue y se ahorcó.
> —MATEO 27:3-5

Críticos cancerosos

Este grupo final de críticos podrían a veces estar camuflados, al igual que las células de cáncer pueden pasar inadvertidas por un tiempo, pero suele suceder que a estos críticos no les importará atacarlo de manera directa. Tienen la intención de sembrar semillas de discordia y quieren provocar problemas en su ataque contra usted y su propósito. Este grupo —de nuevo, como la enfermedad mortal que sigue reclamando millones de vidas alrededor del mundo— en realidad nunca desaparece. Una vez que comienzan, con frecuencia aparecerán para frustrar sus planes una y otra vez.

Vemos a este tipo de crítico en los sumos sacerdotes y los fariseos quienes asediaron a Jesús a lo largo de todo su ministerio. Además de la escena que vimos antes, Cristo tuvo palabras incluso más fuertes para este grupo: "Mas ¡ay de vosotros, escribas y fariseos, hipócritas! porque cerráis el reino de los cielos delante de los hombres; pues ni entráis vosotros, ni dejáis entrar a los que están entrando" (Mateo 23:13).

Jesús continuó y los llamó sepulcros blanqueados que por fuera parecen hermosos, pero que están llenos de huesos de muertos y de toda inmundicia. También los llamó vasos sucios que parecen limpios por fuera, pero que son repugnantes por dentro. Dijo que consideremos a los críticos semejantes a estos como nada más que serpientes, generación de víboras, que se retuercen y muerden los talones de los demás. Cristo los condenó con términos nada inciertos y no dejó duda de su destino en la vida futura (vv. 14-39).

Para tratar con este grupo de críticos distánciese lo más rápido posible. No quiero decir con esto que los ignore, porque los ignoraría bajo su propio riesgo. En lugar de ello debe confrontarlos en ocasiones, al igual que Jesús y hablarles la verdad en la amorosa autoridad del Espíritu Santo. Pero no debe dejar que lo distraigan o desvíen su atención de su relación con Dios y su propósito para usted.

Al diablo le encanta utilizar a estos críticos letales para consumir su energía y ocupar su tiempo. Si se siente molesto y asustado porque otros lo están afectando con sus palabras y sus acciones, entonces terminará a la defensiva. Y cuando se siente defensivo, levantará muros para intentar mantener fuera a otras personas. Se volverá rápido para juzgar y evaluar a los demás, algunas veces con precisión y otras de manera incorrecta. Se cerrará y vivirá en temor en lugar de vivir por fe.

Pero de hecho ya no vivirá; sino que terminará de vuelta en parálisis. Podría ser un tipo de herida distinta; no obstante, muchos críticos querrán detenerlo en su camino, así como lo intentaron con el paralítico de Juan capítulo 5: "¿Quién te crees que eres? —le preguntaron—. ¿Qué no sabes que es día de reposo y que no te está permitido llevar tu lecho en día de reposo?".

Me encanta la respuesta de nuestro héroe que fue sanado: "Oh, bueno el tipo que estaba allá me dijo que tomara mi lecho y anduviera, así que ¡eso es lo que hago!". Entonces los líderes religiosos judíos olieron problemas y preguntaron: "¿Qué tipo?". El hombre recién sanado ni siquiera sabía el nombre del que lo había sanado; no hasta que Jesús lo vio en el templo y le dijo: "Mira, has sido sanado; no peques más, para que no te venga alguna cosa peor" (Juan 5:14).

No sabemos si Jesús se refería a algo específico en ese momento o si hablaba de manera general sobre cómo debería vivir este hombre el resto de su vida. De cualquier manera recibimos el mismo mensaje: no vuelva a la vida paralizada por el pecado una vez que Jesús le ha dicho que tome su lecho y ande.

¡Una vez que Dios lo sane no pierda el tiempo rengueando!

Sanado, santo, feliz

Después de enterarse quién lo había sanado, el que había sido paralítico sabía lo que debía hacer: "El hombre se fue, y dio aviso a los judíos, que Jesús era el que le había sanado" (Juan 5:15). No creo que el hombre haya ido a reportar el nombre de Jesús a los enemigos de Cristo porque los temiera. ¡Creo que el hombre quería darle el crédito a quien se lo merecía! Quería que todos conocieran el nombre de Jesucristo, el Hijo de Dios, quien lo había sanado al instante.

Les debemos hablar la verdad a nuestros críticos con el mismo denuedo. Así como el lecho del hombre, que era obvio que ya no lo necesitaba, captó la atención de los legalistas religiosos que habían salido a patrullar para encontrar violadores, lo que llevamos cuando caminamos por fe debería hacer que los demás lo noten. Lo que usted lleve consigo debe provocar a los que usted encuentre a decir: "¿Quién te da autoridad?".

¡Lo que usted lleve debe ser provocativo!

¡Lo que lleve debe perturbar el *statu quo!*

¡Lo que lleve necesita conducir la atención hacia Aquel que lo sanó!

Deténgase y piense por un momento: ¿Quién tiene el derecho de cuestionarlo por su fe, su familia o su futuro? ¿Quién puede detenerlo de llevar su viejo lecho o aquello de lo que solía depender para darle un consuelo que ya no necesita? ¿Quién tiene el derecho de decirle lo que puede y no puede hacer en el poder de Jesús?

El exparalítico declaró: "¡El que me sanó me dio el derecho!".

En otras palabras, cuando Satanás, sus secuaces, otras personas usadas por él, los que ignoran su situación o los críticos letales traten de dictar lo que usted lleve, necesita hacerles saber quién lo sanó. Cuando traten de interferir con su destino divino, levántese y dígales lo que dijo el hombre que fue paralítico durante treinta y ocho años antes de su encuentro con Jesús: ¡Si usted no me sanó... si no me salvó... si no me liberó... si no me hizo libre... entonces no tiene el derecho de decirme que puedo o no llevar! El que me sanó me dio el derecho y me dijo que lo llevara.

Usted solo necesita llevar lo que Jesús le diga. Nadie más le puede decir lo que puede o no llevar. Nadie más lo salvó, sanó, amó y empoderó.

Por lo tanto, nadie más puede evitar que usted disfrute la vida abundante que Jesús vino a traer. Dios lo llama a andar por fe, no a revolcarse en la parálisis del pasado. Usted tiene el derecho a ser lleno de gozo porque Jesús le dijo que caminara. ¡Usted tiene el derecho de vivir una vida santa, sana, feliz y humilde porque Jesús le dijo que se levantara, tomara su lecho y anduviera!

Cada vez que un crítico lo haga dudar de su identidad, su propósito o su destino recuerde la promesa del Señor: "Pero ustedes, mis queridos hijos, pertenecen a Dios. Ya lograron la victoria sobre esas personas, porque el Espíritu que vive en ustedes es más poderoso que el espíritu que vive en el mundo" (1 Juan 4:4, NTV).

Dios ha puesto cosas mucho mayores en usted de lo que el diablo ha puesto delante de usted. Si la alabanza de la gente no fue lo que lo levantó, entonces su crítica no lo puede derribar. Usted tiene todo lo que necesita dentro de usted; aquí y ahora. ¡Nunca permita que nadie le diga lo contrario! Si tratan de detenerlo, dígales que solo hace lo que Jesús le pidió. ¡Usted solo recibe órdenes de parte de Él!

Estimado lector, cuando usted anda por fe, sus críticos no tienen autoridad para detenerlo.

> Dios ha puesto cosas mucho mayores en usted de lo que el diablo ha puesto delante de usted.

¡Quizá lo hagan reducir momentáneamente la velocidad, pero solo lo suficiente para que declare el nombre de Jesús! Usted ha sido sanado y ya no espera que otros hagan lo que solo Dios mismo ha hecho. ¡Sacúdase a los críticos y levántese y ande!

¡Usted es el próximo!

Capítulo diez

USTED ES EL PRÓXIMO... ¡INCLUSO EN DÍA DE REPOSO!

Nunca es demasiado tarde para
un nuevo comienzo en su vida.
—JOYCE MEYER

D E CHICO EN Pensilvania la mayoría de las tiendas no abrían los domingos. La gente iba a la iglesia o se levantaba tarde o se iba a Pittsburgh a ver jugar a los Steelers. Conocíamos a un anciano en nuestro vecindario quien se molestaba si alguien podaba el césped el domingo, incluso con una podadora manual en lugar de con las ruidosas podadoras a gasolina. En nuestra familia los domingos eran para la fe, la comida y la *familia*. Íbamos a la iglesia y después disfrutábamos una deliciosa variedad de alimentos que mi madre, mi abuela y mis tías cocinaban para nosotros.

Saboreábamos un festín asombroso con muchos de los platillos puertorriqueños que siguen siendo mis favoritos hoy. Comíamos pernil o pollo asado servido con *arroz con gandules* (un platillo tradicional de arroz con semillas de gandul), *rellenos de papa* (croquetas fritas de puré de papas especiado y rellenas de carne), *habichuelas con tocino* (judías o frijoles cocidos a fuego lento con tocino) y *tostones* (rebanadas de plátano macho sazonadas y fritas en aceite). ¡Como cada semana esperaba esta comida que tanto me hacía agua la boca, puede entender porqué recuerdo que el domingo era mi día favorito!

Para muchos de nosotros el domingo se ha convertido en solo otro día de la semana. Quizá no tengamos que trabajar en la oficina o marcar tarjeta, pero hay tanto que se necesita hacer en preparación para el resto de la semana. La mayoría de las tiendas abren en horario normal, si es que no quiere quedarse en casa y hacer compras en línea. Incluso si va a la iglesia el domingo, y espero que así sea o que vaya en algún momento durante la semana, todavía se siente como un día ocupado.

Como pastor veo los domingos como un tipo de día de trabajo especial. Siempre he creído que durante el tiempo en que nuestra congregación se reúne para adorar y experimentar el mensaje de

Dios de la Palabra, el resto del trabajo de la semana cobra sentido. Al igual que en un maratón, el día de la carrera uno celebra todo el entrenamiento y el duro trabajo que ha hecho en preparación de ese día. No se levanta el día de la carrera y decide correr el maratón.

Y cuando nuestros hijos eran chicos, creo que mi esposa y yo algunas veces nos sentíamos como si corriéramos un maratón. Eva se aseguraba de que todos tomaran el desayuno entre tanto yo hacía que se bañaran y se vistieran incluso mientras le hacía cambios de último minuto a mi sermón. ¡En esa época, llegar todos a tiempo a la iglesia se sentía como arrear gatos en una granizada! Recordamos con nostalgia esos tiempos ahora que nuestros hijos han crecido, pero en ese momento, algunas veces nuestra paciencia se estiraba más allá de nuestros límites. Es verdad, los domingos siempre tendrán un lugar especial en mi vida.

No obstante, tan especiales como son los domingos algunas veces pueden estorbar para conocer a Dios. ¡Solo pregúntele al paralítico!

Satisfacción sabatina

En un capítulo anterior exploramos como siempre vamos a atraer a los críticos una vez que comencemos a caminar por fe y a obedecer la voz de Jesús, así como sucedió con el paralítico después de que fue sanado de su parálisis. Usted recordará el lugar y el momento: tiempo de fiesta en Jerusalén con miles de personas abarrotando los caminos en y alrededor del templo. Como consecuencia los sacerdotes del templo y los líderes religiosos al parecer estaban al acecho de cualquier cosa o de cualquiera que no se adhiriese a la estricta Ley judía. Así que cuando vieron al paralítico saltando de alegría y que llevaba su lecho en el día de reposo, una violación directa de su interpretación de la Ley Mosaica, se entrometieron y lo interrogaron.

El hombre no estuvo de acuerdo ni en desacuerdo con ellos. Al principio como no conocía la identidad del extraño que lo había sanado y que le había instruido que llevara su lecho y anduviera, el hombre simplemente le explicó eso al destacamento de la patrulla del templo que quería darle un citatorio. Un poco después Jesús vio al hombre en el templo y le advirtió que reconociera la plenitud de su sanidad por medio de no vivir una vida lisiada por el pecado. El hombre de seguro tomó a pecho las palabras del Salvador ya que de inmediato encontró a sus inquisidores y se aseguró de que supieran quién lo había sanado: ¡Jesucristo!

Inicio una reacción en cadena. Los sacerdotes del templo y los líderes religiosos de seguro pensaron que por fin tenían acorralado a Jesús. Estoy seguro de que se los puede imaginar diciendo: "¡Ajá! ¡Lo tenemos! Ese carpintero de Nazaret otra vez, el que afirma ser el Mesías. ¡Bueno, si en realidad es el Hijo de Dios, sabría bien que no debe sanar a alguien en el día de reposo y pedirle que lleve su lecho! ¡Sí, veremos lo que este Jesús tiene que decir acerca de esto!". Básicamente, como vemos aquí, buscaban cualquier excusa para hacerlo tropezar.

> Y por esta causa los judíos perseguían a Jesús, y procuraban matarle, porque hacía estas cosas en el día de reposo. Y Jesús les respondió: Mi Padre hasta ahora trabaja, y yo trabajo. Por esto los judíos aun más procuraban matarle, porque no sólo quebrantaba el día de reposo, sino que también decía que Dios era su propio Padre, haciéndose igual a Dios.
>
> —JUAN 5:16-18

Observe lo que Jesús dice en respuesta a su persecución con respecto al día de reposo: "Mi Padre *hasta ahora* trabaja, y yo trabajo" (v. 17, énfasis añadido). Dos cosas se destacan aquí. Primero, Jesús les ganó en su propio juego legalista. Dios existe fuera del tiempo como lo conocemos y siempre trabaja. Estos rasgos constituyen su identidad de manera inherente. En otras palabras, Dios no deja de trabajar en el día de reposo aunque haya establecido un precedente para nosotros los seres humanos al reposar en el día séptimo después de la creación (Génesis 2:2); más sobre eso en un momento. Así que si Dios nunca reposa, lo cual no podían refutar los líderes religiosos, entonces es obvio que trabajaba ese mismo día.

Segundo, Jesús dijo la verdad de su identidad sin hacer de ello el centro de su defensa. Les dijo a los religiosos que así como Dios trabajaba todo el tiempo, Él también. Y, por cierto, sucede que Dios simplemente es su Padre. Sin que necesariamente trate de provocarlos, Cristo con toda seguridad sabía el efecto que tendría su explicación en estos legalistas gazmoños. No solo lo odiaron más; querían matarlo todavía más que antes. ¡Cómo se atrevía a afirmar ser el Hijo de Dios! ¿Quién se atrevería a hacer afirmaciones tan escandalosas como hacerse igual a nuestro Padre celestial?

Una vez más en su ministerio Jesús aclaró que vino a trastocar el orden usual de las expectativas y la adherencia tradicional a ordenanzas pasadas. Nadie nacido en la Tierra tenía más derecho a ser un rey, y, sin embargo, el nacimiento de Jesús había sido más humilde que cualquier cosa que incluso algunas de las personas más pobres de entonces podrían haber experimentado. ¡María, de todos lo lugares posibles, dio a luz a Cristo nuestro Rey en las afueras del pueblo apartado de Belén en un establo!

La Biblia no dice nada de un palacio, de fanfarrias terrenales de la realeza o de una abundante fiesta de bienvenida. En lugar de ello, habla de un pesebre, de huestes celestiales y pastores. El evento fue en contra de todo lo que una buena persona judía hubiera esperado con respecto a la llegada del Mesías. Con su llegada a nuestro mundo, Jesús comenzó a revelar un patrón que caracterizó toda su vida en la Tierra.

Fe en vuelo

Cristo nunca trató tampoco de esconder su oposición a las expectativas convencionales. No solo proclamó con valentía ser el Hijo de Dios, sino que también aclaró que su presencia afectaría las sensibilidades religiosas de ese tiempo. Jesús lo afirmó bastante claro.

> No penséis que he venido para traer paz a la tierra; no he venido para traer paz, sino espada. Porque he venido para poner en disensión al hombre contra su padre, a la hija contra su madre, y a la nuera contra su suegra; y los enemigos del hombre serán los de su casa. El que ama a padre o madre más que a mí, no es digno de mí; el que ama a hijo o hija más que a mí, no es digno de mí; y el que no toma su cruz y sigue en pos de mí, no es digno de mí. El que halla su vida, la perderá; y el que pierde su vida por causa de mí, la hallará.
>
> —Mateo 10:34-39

Algunas personas al escuchar a Jesús podrían haber supuesto que quería traer un golpe militar en contra del Imperio Romano con el fin de liberar a Israel y restaurarlo a su gloria anterior. Otros se podrían haber preocupado por las palabras de Cristo porque incluso si tenía planeado conquistar a los romanos, ellos hubieran esperado que el Hijo de Dios finalmente estableciera la paz. ¡En lugar de ello Jesús habló acerca de cuánta disensión personal provocaría su presencia en la Tierra!

Al mencionar el impacto que su presencia en la Tierra tendría en varias relaciones familiares Jesús citó al profeta Miqueas, quien advirtió en contra de confiar en alguien por completo, incluso en los de su propia casa (Miqueas 7:5-6). No obstante, en el versículo después de esta referencia Miqueas concluyó: "Mas yo a Jehová miraré, esperaré al Dios de mi salvación; el Dios mío me oirá" (v. 7).

El énfasis tanto en la declaración de Jesús como en el pasaje de Miqueas subraya la relación del individuo con Dios, la necesidad de un Salvador y la provisión de Dios. Muchos en la audiencia de Jesús podrían haber reconocido la cita de Miqueas y podrían haber visto la manera en que Jesús cumplió la oración de siglos de antigüedad del profeta.

El punto entonces se convirtió en el asunto de que sus oyentes dejaran ir sus expectativas y abrazaran quién era Jesús en lugar de quién querían que fuera. Este dilema se encontraba en el *quid* del conflicto encendido por los líderes religiosos. Se habían convencido de que eran tan justos y santos que estarían seguros de reconocer al Mesías cuando Dios lo enviara. No podían ver su propio orgullo, arrogancia y pensar de sí mismos como justos, que los cegaba de reconocer la deidad de Jesús.

Muchas personas todavía tienen esta misma lucha hoy. No pueden imaginar a Dios de ninguna otra manera que como quieren que sea. Así que se cierran a cualquier cosa distinta a lo que ya creen y quieren ver. Dios es, si alguna cosa, misterioso. Sus caminos no son nuestros caminos. Su poder, sabiduría y autoridad trascienden cualquier cosa que podamos comprender. Somos su creación, y Él es nuestro Creador.

Si queremos en verdad experimentar la abundancia de vida que Jesús trae, debemos estar dispuestos a dejar ir nuestras propias expectativas. Incluso después de haber encontrado a Cristo y haber caminado con Él durante mucho tiempo, nunca debemos suponer que Dios se conforma a nuestra manera de ver las cosas o a nuestro programa de oraciones contestadas. Nuestro crecimiento espiritual depende de la humildad. Así como el hombre sanado de su parálisis no podía esperar a encontrar a los líderes religiosos y darles a conocer quién lo había sanado, nosotros también debemos expresar la identidad plena de nuestro Salvador.

Los sistemas humanos, el progreso en el tiempo y lo que pensamos como hechos científicos no confinan a Dios. Mientras que un especialista en ortopedia del siglo XXI podría haber examinado al paralítico antes y después de su sanidad para intentar dar una explicación médica de lo que sucedió, no necesitamos entender cómo suceden los milagros de Dios con el fin de recibirlos en nuestra vida.

> **Si queremos en verdad experimentar la abundancia de vida que Jesús trae, debemos estar dispuestos a dejar ir nuestras propias expectativas.**

Yo vuelo miles de millas cada año, y con frecuencia escojo abordar un ave de metal gigante que se lanza por el cielo a cientos de millas por hora. Aunque tengo un entendimiento básico de cómo funcionan los aviones y la ingeniería de la aerodinámica de vuelo, no conozco todos los detalles de qué hace que un 747 funcione de manera apropiada. Solo confío en que el avión funciona de manera adecuada y en que los pilotos tienen experiencia suficiente para transportar a otros pasajeros y a mí a nuestro destino.

Sospecho que al volar es probable que usted ejerza el mismo tipo de confianza que yo.

Si podemos viajar a casi cuarenta mil pies o doce kilómetros de la superficie de la Tierra con base en la confianza en los humanos, ¿por qué no deberíamos estar dispuestos a poner nuestra fe en Dios sin entender cómo —o incluso por qué— hace lo que hace?

LIBERTAD DEL LEGALISMO

Entiendo la importancia de obedecer los mandamientos de Dios de manera plena y completa. Uno de los Diez Mandamientos se enfoca en este mismo asunto del día de reposo y nuestra respuesta a él. "Acuérdate del día de reposo para santificarlo", nos dice Éxodo 20:8, seguido de instrucciones más específicas sobre lo que significa honrar a Dios en este día especial. La Escritura también dice: "Mas el séptimo día es reposo a Jehová tu Dios; ninguna obra harás tú, ni tu hijo, ni tu hija, ni tu siervo, ni tu sierva, ni tu buey, ni tu asno, ni ningún animal tuyo, ni el extranjero que está dentro de tus puertas, para que descanse tu siervo y tu sierva como tú" (Deuteronomio 5:14).

La palabra hebrea para día de reposo, *sabbath*, no significa "sábado", como uno podría sentirse tentado a pensar. En lugar de ello se deriva del hebreo *shabbath*, que simplemente significa "descanso", con lo cual se explica el énfasis dramático en el reposo en el versículo citado. En tiempos bíblicos los israelitas apartaban el séptimo y último día de la semana, que nosotros llamamos sábado, como su día de reposo. Como consecuencia el pueblo judío tenía que preparar comida extra y realizar las tareas domésticas antes del atardecer del sexto día, cuando su día de reposo iniciaba.

Conocer un poco de antecedentes sobre honrar el día de reposo nos ayuda a comprender por qué estos líderes religiosos tomaban la Ley Mosaica con tanta seriedad y esperaban que los demás también lo hicieran. Creo que Dios quiere que obedezcamos su mandamiento incluso hoy y que observemos un día de reposo durante el cual nos desconectemos y recarguemos por medio de enfocarnos solo en Él. Pero como aclara la Biblia, los líderes religiosos no estaban motivados por un deseo de obediencia respetuosa. No. Simplemente habían descubierto una trampa cómoda para usar en sus intentos de acorralar a Jesús. No solo eso, la adherencia al día de reposo se convirtió en un problema en otras instancias también, como Marcos registró en su Evangelio.

> Aconteció que al pasar él por los sembrados un día de reposo, sus discípulos, andando, comenzaron a arrancar espigas. Entonces los fariseos le dijeron: Mira, ¿por qué hacen en el día de reposo lo que no es lícito? Pero él les dijo: ¿Nunca leísteis lo que hizo David cuando tuvo necesidad, y sintió hambre, él y los que con él estaban; cómo entró en la casa de Dios, siendo Abiatar sumo sacerdote, y comió los panes de la proposición, de los cuales no es lícito comer sino a los sacerdotes, y aun dio a los que con él estaban? También les dijo: El día de reposo fue hecho por causa del hombre, y no el hombre por causa del día de reposo. Por tanto, el Hijo del Hombre es Señor aun del día de reposo.
>
> —MARCOS 2:23-28

Una vez más Jesús les ganó a estos fariseos y líderes religiosos en su propio juego. Cuando lo confrontaron acerca de la cosecha ilegal que hacían sus discípulos en día de reposo, Jesús les refirió otro incidente histórico en el que alguien había roto la Ley ostensiblemente bajo circunstancias que virtualmente todo rabí consideraba justificables (1 Samuel 21:1-6). David y sus hombres no solo violaron la Ley sino que hicieron algo todavía más increíble: ¡comieron del pan consagrado en el templo del que solo los sacerdotes podían comer!

Jesús entonces les resumió todo el asunto a estos líderes religiosos para que quedara claro: "El día de reposo fue hecho *por causa del hombre*, y no el hombre por causa *del día de reposo*" (Marcos 2:27, énfasis añadido). Estableció el problema fundamental con el legalismo en pocas palabras. La obediencia y la adherencia inquebrantable a la Ley se habían convertido en algo más importante que la razón para la observancia de la Ley en el primer lugar. Lo irónico es que los fariseos violaban el día de reposo por estar más preocupados con confrontar y atrapar a Jesús que con lo que deberían hacer si en verdad querían honrar el día de reposo: reposar.

La última palabra del asunto le pertenecía también a Cristo: "El Hijo del Hombre es Señor aun del día de reposo" (v. 28). En otras palabras, Dios no puede quedar confinado por las leyes, expectativas y precedentes que guardan los seres humanos; ¡incluyendo las observancias que tienen la intención de mostrarle nuestro respeto! Los líderes judíos tontamente colocaban su autoridad y justicia por encima de la de Dios. Se rehusaban a ver a Jesús por quién era y escuchar lo que tenía que decirles. Así que trataron de restringirlo, pero no pudieron.

Cuando Dios quiere sanarlo, usted es el próximo; ¡incluso en día de reposo!

Nunca es demasiado tarde

Jesús probó su identidad de una manera dramática como el Mesías, el Hijo de Dios, enviado para salvar a su pueblo de sus pecados. Pero no se sacrificó e hizo expiación por nuestros pecados en la manera que incluso sus discípulos más cercanos esperaban. Sea que pensaban que de manera sobrenatural se instalaría como el nuevo Rey de Israel o simplemente establecería un Reino más cercano a la gente con base en su creciente popularidad y sanidades dramáticas, los discípulos de seguro quedaron en estado de choque cuando su amigo, su Señor, su Maestro, les dijo lo que estaba a punto de suceder.

No solo sería acusado de manera falsa, sino que sería ejecutado por ninguna buena razón. Y entonces, con los ojos bien abiertos y aterrorizados, los apóstoles vieron a Aquel que había sanado al paralítico y calmado el mar en tormenta, morir la muerte más agonizante posible mientras estaba clavado a una tosca viga de madera como un criminal común. ¿Cómo podía haber sucedido? Me pregunto si en secreto no se hacían las mismas preguntas que los guardias utilizaron para burlarse de Jesús: "Si en verdad eres el Rey de los judíos ¿por qué no bajas de la cruz y te salvas a ti mismo?".

En lugar de ello, los discípulos vieron que bajaron el cuerpo sin vida de Jesús. Vieron su cuerpo ser envuelto en un sudario para ser sepultado en un sepulcro prestado. ¡Era Dios en forma humana! Pero ahora, ya sin vida, se veía como cualquier otro mortal que no podía derrotar la inevitable fragilidad de la carne y la sangre.

¿O sí? Porque como sabemos, ¡Jesús derrotó la muerte de una vez por todas! Lo crucificaron y murió un viernes, lo cual sabemos porque los judíos se aseguraron afanadamente de que Él y los dos criminales a sus costados estuvieran muertos y fueran removidos antes del atardecer, lo cual señalaba el inicio del día de reposo. Entonces el cuerpo frío y sin vida de Jesús se quedó quieto dentro de una cueva cavada en la roca sellada con una piedra gigante. En su muerte, Jesús cumplió el día de reposo. Su cuerpo muerto no se movió, y Él reposó.

Pero no por mucho tiempo. ¡En cierto momento, después de que terminó el día de reposo, alrededor del amanecer del tercer día, el cuerpo resucitado de Cristo salió de la tumba para la eternidad! Incluso esta revelación iba en contra de lo que podríamos haber esperado. En lugar de hacer un anuncio enorme e inmenso de su resurrección a sus discípulos, en lugar de reírse en cara de los líderes religiosos judíos y los funcionarios romanos pasivos que lo ejecutaron, Jesús escogió a la audiencia más sorprendente para su primera aparición.

> Pasado el día de reposo, al amanecer del primer día de la semana, vinieron María Magdalena y la otra María, a ver el sepulcro.
>
> Y hubo un gran terremoto; porque un ángel del Señor, descendiendo del cielo y llegando, removió la piedra, y se sentó sobre ella. Su aspecto era como un relámpago, y su vestido blanco como la nieve. Y de miedo de él los guardas temblaron y se quedaron como muertos.
>
> Mas el ángel, respondiendo, dijo a las mujeres: No temáis vosotras; porque yo sé que buscáis a Jesús, el que fue crucificado. No está aquí, pues ha resucitado, como dijo. Venid, ved el lugar donde fue puesto el Señor. E id pronto y decid a sus discípulos que ha resucitado de los muertos, y he aquí va delante de vosotros a Galilea; allí le veréis. He aquí, os lo he dicho.
>
> Entonces ellas, saliendo del sepulcro con temor y gran gozo, fueron corriendo a dar las nuevas a sus discípulos. Y mientras iban a dar las nuevas a los discípulos, he aquí, Jesús les salió al encuentro, diciendo: ¡Salve! Y ellas, acercándose, abrazaron sus pies, y le adoraron. Entonces Jesús les dijo: No temáis; id, dad las nuevas a mis hermanos, para que vayan a Galilea, y allí me verán.
>
> —MATEO 28:1-10

Jesús escogió a dos mujeres ordinarias, entre ellas a una que probablemente tenía cierto bagaje por su pasado antes de conocer a su Salvador. Tenga en mente que esta cultura no tenía una alta estima por las mujeres. Sin embargo, estas mujeres decidieron ir y atender el cuerpo de su amado amigo, con el propósito de ungirlo con hierbas y bálsamos para impedir el hedor de la corrupción. Su tarea servía como un sombrío, humillante recordatorio de la frágil mortalidad que resultó en la muerte del Maestro en quien habían creído.

Imagínese su sorpresa cuando llegaron, abatidas y cabizbajas, probablemente incluso paralizadas por su propio desplazamiento ahora que el centro de su mundo se había ido. ¡De pronto sucedió un terremoto y un ángel apareció! Los guardias, estacionados en la tumba para asegurarse de que nadie intentara robar el cuerpo de Jesús y perpetuar el rumor de que había resucitado, cayeron al suelo como muertos. Las mujeres asustadas y temblorosas siguieron las instrucciones del ángel para ir y decirles a los discípulos.

No obstante, antes de que las mujeres llegaran con los discípulos, ¡el Señor mismo las interceptó! De inmediato cayeron al suelo y lo adoraron. En muchas maneras hemos cerrado el ciclo en este libro y hemos terminado donde comenzamos, en el piso mirando a Jesús; solo que, ¡qué diferencia esta vez! El paralítico ni siquiera sabía quién era este extraño; simplemente supo que cuando hizo lo que esta persona le dijo, ¡fue sanado! Pudo volver a caminar. Así que hizo lo que el hombre le pidió y tomó su lecho y comenzó a caminar hacia el templo.

Las dos mujeres allí, María y María Magdalena, cayeron al piso, no a causa de la parálisis, sino porque ellas también fueron sanadas en un instante. Su fe y esperanza fueron restauradas. Jesús en verdad era quien afirmaba ser: el Cristo, el Mesías, el Hijo de Dios ahora resucitado de los muertos. Su confianza en Él no había estado equivocada.

Ni tampoco la suya, estimado lector.

Sin importar su posición en la vida, sin importar lo que haya hecho, sin importar la enfermedad que podría estar combatiendo o la adicción con la que podría estar batallando, simplemente vea al Señor. ¡Está vivo y lleno de poder! Quiere sanarlo y darle el don de su Espíritu Santo para que more en usted, para que sea su Consolador, su Amigo y su Abogado para con el Padre. ¡Si no se lleva nada más de nuestro tiempo juntos entre estas páginas, oro porque se dé cuenta de que nunca es demasiado tarde para su milagro!

Quizá haya estado esperando siete horas, diecisiete días o setenta años.

Quizá no pueda imaginar cómo sus circunstancias podrían cambiar.

Es probable que esté tan cansado de esperar que ya no trata de creer que su vida llegará a ser distinta.

Estimado lector, solo tengo una cosa que decirle: No. Se. Rinda. Nunca. ¡No se rinda! ¡Su jornada continuará y su sanidad ya ha comenzado! Usted es el próximo; incluso si no siente que así pueda ser en este momento. Dios nunca se ha rendido con usted. ¡No se rinda con Dios!

"PERO ¡ESPERE! ¡HAY MÁS!"

¿Por qué estoy tan seguro de que Dios tiene más preparado para usted? ¿Cómo sé que Él quiere revivirlo, restaurarlo, sanarlo revelarle? ¡Porque Dios disfruta hacer lo imposible! Le encanta hacer lo que ningún hombre o mujer podría hacer; fuerza a la gente a reconocer su poder, su gloria y su bondad.

Si el paralítico hubiera sabido quien era Jesús, si mientras estaba acostado allí en el piso junto al estanque de Betesda hubiera escuchado los rumores de este hombre de Nazaret quien había sanado a otros, me pregunto si el hombre se habría atrevido a considerar que Jesús podría sanarlo. Ya hemos visto cómo el paralítico, a lo mejor, solo parecía esperar lo que podía imaginar: que alguien lo llevara al estanque más rápido que a nadie más.

Pero parecía ser que eso no había sucedido en los años —si no es que décadas— que había estado yendo allí. Simplemente se movía demasiado lento. Sus piernas no funcionaban. En realidad no podía encontrar la manera. Sin embargo, cierta chispa de esperanza de seguro residía en el alma de este hombre o no habría permanecido en el estanque ni se habría atrevido a creer que podría suceder aunque no podía imaginarse cómo.

La fiesta había traído a muchos visitantes a Jerusalén quienes atestaban los alrededores y se abrían paso al seguir la periferia del templo mientras esperaban entrar. Pero la mayoría evitaba hacer cualquier cosa que no estuviera de conformidad con la Ley Mosaica del día de reposo. Si este Jesús podía sanarlo, el hombre habría supuesto que Cristo lo haría en día de reposo de conformidad con la Ley.

¡Pero este milagro sucedió en día de reposo!

Pensemos en la palabra *pero* por un momento. ¿Recuerda los antiguos anuncios de televisión de la *¡Escuela del Rock!?* Me refiero a algo anterior a su época, ¡puede buscarlo en Google! Pero una de estas breves caricaturas preguntaba: "Conexión de la conjunción, ¿cuál es tu función?". Les enseñaba a los niños la función gramatical de las conjunciones —unir palabras, frases y proposiciones— en una manera muy entretenida. La maravillosa conjunción "pero" establece contraste. Si quiere unir dos o más palabras utilice "y". Si quiere brindar diferentes opciones, entonces "o" le servirá.

> Dios llevará a cabo sus propósitos en su vida incluso cuando las personas digan que no se supone que lo haga.

Utilizar "pero" señala que lo que sigue después contrarresta lo que estaba antes. En este caso, decir: "El milagro del paralítico ocurrió, *pero* ¡sucedió en día de reposo!". ¡Indica que sucedió entonces aunque al parecer no se suponía que debería!

¿Eso qué significa? Significa que Dios llevará a cabo sus propósitos en su vida incluso cuando las personas digan que no se supone que lo haga. Significa que en medio de su parálisis Dios realizará el milagro que todos consideran imposible.

> Dios lo hará cuando todo el infierno diga que no se supone que lo haga.
> Dios lo hará cuando su carne diga que no se supone que lo haga.
> Dios lo hará cuando sus circunstancias digan que no se supone que lo haga.
> Dios lo hará cuando su pasado diga que no se supone que lo haga.
> Lo hará en día de reposo.
> Lo hará en medio de la tormenta.
> Lo hará en un horno de fuego ardiendo.
> ¡Ni el día de reposo ni nada más puede limitar a nuestro Dios!

He experimentado el poder de Dios que trasciende el día de reposo y que hace lo que quiere cuando quiere muchas veces. Una de las instancias más visibles y dramáticas sucedió cuando el comité ejecutivo para la inauguración del presidente Trump me pidió que participara en el evento. Yo no había apoyado la candidatura de Trump ni la de ningún otro partido. Como digo con frecuencia, yo no apoyo al burro o al elefante [símbolos de partidos políticos estadounidenses], ¡yo apoyo al Cordero! No obstante, muchos compañeros e incluso amigos míos me dijeron que no había manera de que se me pidiera participar en un evento tan dramático sin ser alguien de adentro.

De hecho, como había participado en la Fuerza de Tarea de la Casa Blanca para la Paternidad y Familias Saludables del presidente Obama, sabía que muchas personas podrían pensar que mi perspectiva política se inclinaba en la dirección de ese partido. Aunque me esforzaba mucho por aclarar que yo era genuinamente apartidista, porque también me había reunido con el presidente George W. Bush durante su tiempo en funciones, caí en cuenta de que el comité ejecutivo para la inauguración del presidente Trump no podría ver esto y en su lugar recurrirían a pastores y líderes cristianos más familiares.

Entonces llegó la llamada para preguntarme si estaría dispuesto a hacer una oración desde el podio durante la ceremonia de inauguración. ¡Me dejó abrumado! Incluso si hubiera sido el gerente de campaña del nuevo presidente, nunca habría esperado tal honor. Una vez más, sentí el favor de Dios sobre mí. No hice nada para merecer tal plataforma, sin embargo sería visto por millones de personas alrededor del mundo en la cobertura televisada de este evento.

Pensé que había perdido mi turno.

Pensé que mi pasado me había paralizado.

Pensé que no debería tratar de hacer lo que no había podido antes.

Pero Dios me pidió que obedeciera y que no me preocupara de lo que alguien más dijera. Me pidió que tomara su mano, me levantara sobre mis pies y caminara por fe. Me dijo que tomara mi lecho, me sacudiera las viejas excusas y lo dejara transformar mi lecho en su milagro. ¿Y adivine qué?

¡Usted es el próximo!

> No podemos llamarlo un milagro si podemos hacerlo o predecirlo por nuestra cuenta.

Lo siguiente que haga Dios en su vida hará enojar al infierno, molestará a los legalistas a su alrededor, hará que otros creyentes entren en alabanza espontánea y le dará un testimonio que cambiará su vida. Estará caminando en el Espíritu en la plenitud de lo que Jesús ha hecho en su vida. Les contará a otros lo que le digo: *¡es su turno!* Incluso si no se supone que deba suceder; ¡quizá *en especial* si no se supone que deba suceder! Después de todo, no podemos llamarlo un milagro si podemos hacerlo o predecirlo por nuestra cuenta.

El paralítico se encontró con Jesús y su vida cambió para siempre. Su milagro sucedió cuando no debía suceder. Su milagro sucedió cuando los fariseos dijeron que no debía suceder. Sucedió cuando la cultura no creía que sucedería.

¡Y ahora sucederá para usted! Sin excusas, sin mirar atrás. Deje la parálisis en el pasado. La fe en Jesucristo impulsa su futuro. Estimado lector, ¿quiere ser sano? Entonces permítame decirlo una última vez:

¡USTED ES EL PRÓXIMO!

NOTAS

CAPÍTULO 2

1.   Frances J. Crosby, "Blessed Assurance" [Dulce consuelo] 1873, https://library.timelesstruths.org/music/Blessed_Assurance/.

2.   Edward Everett Hale, citado en Edwin Osgood Grover, ed., *The Book of Good Cheer: A Little Bundle of Cheery Thoughts* [El libro del buen humor: Un pequeño atado de pensamientos alegres] (Chicago, P. F. Volland & Company, 1909), 28, https://books.google.com/books ?id=v8sVAAAAYAAJ&q.

CAPÍTULO 4

1.   Samuel Rodríguez, *Shake Free: How to Deal With the Storms, Shipwrecks, and Snakes in Your Life* [Sacúdalas en el fuego: Cómo tratar con las tormentas, naufragios y serpientes en su vida] (New York: WaterBrook, 2018).

CAPÍTULO 7

1.   C. S. Lewis, *The Great Divorce* (New York, NY: HarperCollins, 2009), 112. Busque la versión en español: C. S. Lewis, *El gran divorcio* (HarperOne, 2014).

CAPÍTULO 8

1.   Kyle Chayka, "The Oppressive Gospel of 'Minimalism,'" [El opresivo evangelio del minimalismo] *The New York Times Magazine*, July 26, 2016, http://www.nytimes.com/2016/07/31/magazine/the -oppressive-gospel-of-minimalism.html.

SOBRE EL AUTOR

E L Rev. Dr. Samuel Rodríguez es el presidente de la Conferencia Nacional de Liderazgo Cristiano Hispano (NHCLC, por sus siglas en inglés), la mayor organización cristiana hispana del mundo con más de cuarenta mil iglesias en los EE. UU. y más de 450,000 iglesias esparcidas a lo largo de la diáspora de habla hispana. Rodríguez también fue nombrado entre los «100 líderes principales de los Estados Unidos» por Newsmax en 2015 y fue nominado para las «100 personas de mayor influencia del mundo» de la revista *Time* en 2013. Rodríguez es visto con regularidad en CNN, Fox News, Univision y PBS y ha aparecido en *Time, Christianity Today, The New York Times* y *The Wall Street Journal*.

Rodríguez fue el primer latino en dar el discurso principal en el Servicio Anual Conmemorativo de Martin Luther King Jr. en la iglesia Ebenezer Baptist Church; recibió el Premio al Liderazgo Martin Luther King Jr. entregado por el Congreso de Igualdad Racial; y recibió el Premio Defensor del Sueño entregado por Alveda King y la familia King. Rodríguez ha sido asesor de los presidentes Bush, Obama y Trump, y con frecuencia asesora al Congreso para el avance de una reforma en inmigración y justicia penal, así como varias iniciativas provida y de libertad religiosa. El 20 de enero de 2017, con una audiencia de millones de personas alrededor del mundo, el Rev. Rodríguez se convirtió en el primer latino evangélico en participar en una inauguración presidencial, cuando leyó un pasaje de Mateo 5.

Rodríguez es el productor ejecutivo de dos películas (*Flamin' Hot* y *Breakthrough*) en sociedad con Franklin Entertainment y 20th Century Fox. Asimismo sirve como cofundador y pastor principal de TBN Salsa, un canal de televisión internacional con bases cristianas. Es autor de *Shake Free* [Sacúdalas en el fuego], así como de *Ser luz*, un libro que estuvo en el primer lugar de ventas de las listas de *Los Angeles Times*.

Rodríguez sirve como pastor principal de New Season Christian Worship Center en Sacramento, California, donde reside con su esposa, Eva, y sus tres hijos.

PastorSam.com

NewSeasonWorship.org

Twitter: Samuel Rodriguez @NHCLC

Facebook: RevSamuelRodriguez

Podcast en iTunes y Spotify: Pastor Samuel Rodriguez

YouTube: Pastor Samuel Rodriguez

Instagram: PastorSamuelRodriguez

National Hispanic Christian Leadership Conference

PO Box 293389, Sacramento, CA 95829

(916) 919-7476